MIX
Papier aus verantwortungsvollen Quellen
Paper from responsible sources
FSC® C105338

Johannes Ilse

# Jesper Juul und Inklusion

Juuls Denken als Beitrag
einer künftigen (post)modernen Pädagogik

Diplomica Verlag GmbH

Ilse, Johannes: Jesper Juul und Inklusion: Juuls Denken als Beitrag einer künftigen (post)modernen Pädagogik. Hamburg, Diplomica Verlag GmbH 2014

Buch-ISBN: 978-3-8428-8920-0
PDF-eBook-ISBN: 978-3-8428-3920-5
Druck/Herstellung: Diplomica® Verlag GmbH, Hamburg, 2014

**Bibliografische Information der Deutschen Nationalbibliothek:**
Die Deutsche Nationalbibliothek verzeichnet diese Publikation in der Deutschen Nationalbibliografie; detaillierte bibliografische Daten sind im Internet über http://dnb.d-nb.de abrufbar.

Das Werk einschließlich aller seiner Teile ist urheberrechtlich geschützt. Jede Verwertung außerhalb der Grenzen des Urheberrechtsgesetzes ist ohne Zustimmung des Verlages unzulässig und strafbar. Dies gilt insbesondere für Vervielfältigungen, Übersetzungen, Mikroverfilmungen und die Einspeicherung und Bearbeitung in elektronischen Systemen.

Die Wiedergabe von Gebrauchsnamen, Handelsnamen, Warenbezeichnungen usw. in diesem Werk berechtigt auch ohne besondere Kennzeichnung nicht zu der Annahme, dass solche Namen im Sinne der Warenzeichen- und Markenschutz-Gesetzgebung als frei zu betrachten wären und daher von jedermann benutzt werden dürften.

Die Informationen in diesem Werk wurden mit Sorgfalt erarbeitet. Dennoch können Fehler nicht vollständig ausgeschlossen werden und die Diplomica Verlag GmbH, die Autoren oder Übersetzer übernehmen keine juristische Verantwortung oder irgendeine Haftung für evtl. verbliebene fehlerhafte Angaben und deren Folgen.

Alle Rechte vorbehalten

© Diplomica Verlag GmbH
Hermannstal 119k, 22119 Hamburg
http://www.diplomica-verlag.de, Hamburg 2014
Printed in Germany

# Inhaltsverzeichnis

Kurzzusammenfassung ........................................................................... 3
1 Einleitung ............................................................................................. 4
2 Einblicke in das pädagogische Konzept Jesper Juuls ......................... 6
   2.1 Grundlagen der Pädagogik Jesper Juuls – Aus Erziehung wird Beziehung ...... 6
   2.2 Zentrale Werte innerhalb der Familie ............................................... 9
      2.2.1 Gleichwürdigkeit ....................................................... 11
      2.2.2 Integrität .................................................................... 22
      2.2.3 Authentizität .............................................................. 41
      2.2.4 Verantwortung .......................................................... 50
3 Juuls theoretisches Fundament ......................................................... 60
   3.1 Die Haltung des Nicht-Wissens ..................................................... 63
   3.2 Der Dialog ..................................................................................... 65
   3.3 Anerkennung ................................................................................. 69
4 Einblicke in den gegenwärtigen inklusiven Diskurs ......................... 74
   4.1 „Inklusion" – eine Begriffsklärung ................................................ 76
   4.2 Grenzen der schulischen Inklusion ................................................ 80
   4.3 Jesper Juuls Ansichten über professionelle Pädagogik in der „Schule von morgen" ..................................................................................... 85
5 Fazit ................................................................................................... 90
Anhang ................................................................................................. 94
   A 1 Jesper Juul – Ausgewählte Werke ................................................ 95
   A2 Literaturverzeichnis ..................................................................... 97
   A3 Abbildungsverzeichnis ............................................................... 106

# Kurzzusammenfassung

Diese Untersuchung beschäftigt sich mit den Schriften Jesper Juuls und ihrer Bedeutung für den gegenwärtigen pädagogischen Diskurs. Dafür arbeitet der Autor Grundelemente der erzieherischen und pädagogischen Konzeption Jesper Juuls heraus. Wenn der Autor sich mit dem theoretischen Fundament Jesper Juuls befasst, wagt er den Versuch dieses zu systematisieren, um es an konkrete theoretische Bezüge rückzubinden. Dabei kommt er zu dem Ergebnis, dass eine Systematisierung nicht gelingen kann, da Juul eine ganz eigene Sichtweise vertritt, die sich weniger auf konkrete empirische Befunde stützt, sondern vor allem auf seiner klinischen Erfahrung als Familientherapeut aufbaut. Dennoch werden, auch im Hinblick auf inklusive Entwicklungen, drei wesentliche Schwerpunkte bzw. Grundannahmen in der Konzeption Juuls identifiziert, denen der Autor konkrete theoretische Bezüge zuweist. Ferner beschäftigt sich der Autor mit dem aktuellen inklusiven Diskurs. Hier versucht der Autor Juuls Konzeption mit den Zielen der Inklusion in Beziehung zu setzen. Wenngleich er an einigen Stellen Kohärenz nachweist, so weist er deutlich auf die Grenzen, insbesondere der schulischen Entwicklungen, im Feld der Inklusion hin. In einem abschließenden Fazit wird verdeutlicht, weshalb Juul als relevanter, d. h. kompetenter, Gesprächspartner im gegenwärtigen pädagogischen Diskurs begriffen werden muss. Dabei werden wesentliche Elemente der Konzeption Juuls betont und kritisch gewürdigt.

# 1 Einleitung

Die aktuelle gesellschaftliche Situation innerhalb Deutschlands kann als Zeit des Auf- und Umbruchs beschrieben werden. In den vielfältigsten Bereichen des (Zusammen-)Lebens dokumentieren sich Veränderungsprozesse von alten, tradierten Sichtweisen hin zu neuen, postmodernen Perspektiven. Die Menschen versuchen, den aktuellen gesellschaftlichen Rahmenbedingungen zu begegnen, aber auch mit dem Wissen umzugehen, welches wir in den letzten hundert Jahren hinzugewonnen haben. In der Technik, Medizin, Geschichte und vielen anderen gesellschaftsrelevanten Wissenschaftsbereichen, so auch der Pädagogik und der Alltagspraxis von Erziehung, haben wir vollkommen neue Möglichkeiten entwickelt, das Zusammenleben zu organisieren, den eigenen Lebensstil und schließlich uns persönlich wahrzunehmen und zu beeinflussen (vgl. Juul 2006, 42; Juul 2012f, 60). Im Bewusstsein dieses „neuen Wissens" reflektiert sich der Einzelne[1], d. h. seine Praktiken und Denkweisen, selbst zunehmend kritischer und verantwortungsbewusster. Allerdings hängt die Qualität dieser Selbstkritik von mehreren Faktoren ab, z. B. dem Bildungsstand, dem sozialen und kulturellen Umfeld, dem persönlichen Wertefundament. Vielen Menschen gelingt dieser Schritt noch nicht und sie fühlen sich, ob der Flut von Wissen und Meinungen zutiefst verunsichert. Dies ist nicht zuletzt rückführbar auf den Wandel von der Industriegesellschaft zu einer Wissens- und Dienstleistungsgesellschaft, in der sich, neben viel Fortschritt und Chancen, soziale Ungleichheiten und Benachteiligungen noch gravierender zeigen als je zuvor. Körperliche Kraft und handwerkliches Geschick allein reichen heute nicht mehr aus. Eine breite Bildung, ein fundiertes Wissen, aber auch vielfältige soziale und kommunikative Kompetenzen gelten als Eintrittskarte in den ersten Arbeitsmarkt. Jeder Einzelne ist gefordert, das Maximum zu leisten, will er mithalten, am gesellschaftlichen Leben partizipieren und nicht ausgegrenzt werden. Diese sozialen Härten werden von immer mehr Menschen erkannt und reklamiert, weshalb man die heutige gesellschaftliche Situation als Umbruchphase begreifen muss. Ich bin überzeugt, dass sich die Lebensverhältnisse in Deutschland innerhalb der nächsten fünfzehn Jahren massiv verändern werden und die heute angestoßenen Entwicklungen (z. B. im Bereich Inklusion) erste Früchte tragen, da das Bewusstsein

---

[1] Im Folgenden habe ich ausschließlich zur besseren Lesbarkeit auf Gender Mainstreaming verzichtet. Die weibliche Form ist stets mitzudenken. Auch sollen sich bitte Menschen angesprochen fühlen, die sich nicht innerhalb der zwei Geschlechter wiederfinden können.

und die Einsicht in grundlegend andere Hinsichten und Herangehensweisen bereits vorhanden sind. Es wird in den nächsten Jahren vor allem darum gehen, praktische Erfahrungen zu sammeln und sich selbst behutsam neu auszurichten. Warum dies notwendig wird, soll diese Untersuchung verdeutlichen.

Innerhalb der letzten zehn Jahre gewann das Thema „richtige Erziehung", forciert durch einen breiten öffentlichen und vor allem medialen Diskurs, immens an Aufmerksamkeit. Inzwischen ist kaum noch jemand dazu in der Lage, die Schwemme an Neuerscheinungen im Bereich der Erziehungsratgeber zu überblicken. Hier ist ein riesiger Markt entstanden, auf dem sich die verschiedensten Ansätze nebeneinander etablieren, aus denen stark verunsicherte oder auch neugierige Eltern Anregungen beziehen können und wollen. Im Zusammenhang des gegenwärtigen pädagogischen Diskurses sticht m. E. dabei ein Zeitgenosse besonders heraus.

Die Rede ist von Jesper Juul. Seit über fünfundzwanzig Jahren ist der 1948 geborene dänische Lehrer, Familientherapeut, Konfliktberater und Autor zahlreicher „Erziehungsratgeber" bemüht, kontinuierliche Denkanstöße für eine neue Sichtweise auf Kinder, Erziehung, Partnerschaft und Schule zu geben. Er – der landauf, landab Lesungen und Seminare veranstaltet, zu denen zahlreiche Eltern und Pädagogen geradezu pilgern – kann mit einem kleinen Kreis weiterer Fachgrößen, z. B. dem Neurobiologen Gerald Hüther; Reinhard Kahl, dem Initiator der „Treibhäuser der Zukunft"; dem Engländer Ken Robinson; Tony Booth, dem Mitautor des "Index for Inclusion" und anderen als einer der Protagonisten einer neuen, zukunftsgewandten Pädagogik, angesehen werden.

Die vorliegende Studie soll darum verdeutlichen, welche Möglichkeiten Jesper Juuls Perspektiven im derzeitigen Diskurs für eine veränderte Pädagogik bieten bzw. worin diese besteht. Hierfür möchte ich grundlegende Einblicke in sein pädagogisches Konzept (Kap. 2) geben, um danach zu versuchen, es in einen größeren theoretischen Gesamtzusammenhang (Kap. 3) zu bringen.

Des Weiteren wird das aktuell relevante Thema Inklusion aufgegriffen (Kap. 4). Hier möchte ich, um den Ausdruck „Inklusion" zu klären, zunächst einen genaueren Blick auf seinen begrifflichen Umfang werfen. Da sich das Konzept der Inklusion jedoch auf alle Teilbereiche des Zusammenlebens bezieht und in jedem dieser Teilbereiche gleichzeitig gesamtgesellschaftliche Veränderungen bezweckt werden, gilt es für den Rahmen dieser Untersuchung, den inklusiven Diskurs exemplarisch zu verdeutlichen.

Dies versuche ich alsdann durch Einblicke in den Diskurs um schulische Inklusion in Deutschland. Dazu möchte ich pointiert zentrale Argumente der Diskussion um Inklusion vorstellen und gleichfalls auf ihre Grenzen eingehen. Im Anschluss sollen Jesper Juuls Ansichten einer Schule von morgen mit dem Ansinnen der Inklusion in Beziehung gesetzt werden, bevor ich in einem abschließenden Fazit (Kap. 5) das Konzept Juuls kritisch würdigen werde und einen vorsichtigen Blick auf kurz- und längerfristig anzustoßende Veränderung werfe.

## 2 Einblicke in das pädagogische Konzept Jesper Juuls

Wie bereits erwähnt, ist das Werk Juuls sehr umfangreich. In der Beschäftigung mit dem Thema der Untersuchung galt es deshalb, eine Auswahl repräsentativer Schriften zu treffen, an denen der Kern des Juul'schen Denkens erkennbar werden kann. Im Anhang habe ich dafür eine Literaturliste erstellt (siehe A1).

### 2.1 Grundlagen der Pädagogik Jesper Juuls – Aus Erziehung wird Beziehung

Aus einem 2005 mit Ingeborg Szöllösi geführten Interview entstand das Buch *Aus Erziehung wird Beziehung*. Es eignet sich besonders als Einführung in die Pädagogik Jesper Juuls, da hier Einblicke in alle zentralen Bereiche seines Konzepts gegeben werden, veranschaulicht anhand zahlreicher Beispiele aus seiner langjährigen Erfahrung als Familientherapeut. Viele der besprochenen Themen (Gehorsam, Verantwortung, Grenzen, Nein sagen, Schule, Männerrolle, Pubertät, Patchworkfamilien…) betrachtet er noch einmal gesondert in je eigenen Büchern.

Wenn ich im Folgenden von dem „Konzept" Jesper Juuls spreche, ist das meine persönliche Setzung. Juul würde nicht von einem festen Konzept sprechen, weil er ein solches mit starren Methoden verbinden würde, über welche sein Verständnis von Erziehung in allen Familien als „Super-Regel" eingesetzt werden könnte. Auch mein Anliegen ist das nicht! Ganz im Gegenteil: „Jede Familie für sich ist einzigartig mit ganz eigenen Spielregeln und Gesetzmäßigkeiten" (Juul 2013a, 7). Ich möchte daher das „Konzept" in einem weiten Sinne bezeichnen als die Grundhaltung und die Säulen, auf denen Jesper Juul sein Verständnis bzw. seine Betrachtungsweise von privater

Erziehung oder professioneller Pädagogik aufbaut, um innerhalb dieses zweiten Kapitels Juul zu systematisieren. Es soll klar werden, wofür er steht und was er will. Erziehen bedeutet für Juul nicht „korrigieren, maßregeln", sondern „großziehen", im Sinne von „jemandem helfen, erwachsen zu werden, ihn sozusagen ins Leben ‚hineinzuziehen'" (Juul 2013b, 27). Kinder bräuchten Erziehung, aber verstanden als Lebensbegleitung, nicht als Überformung. Dies verlangt den Eltern viel Einfühlungsvermögen, Geduld und Offenheit ab, wie sich im Folgenden zeigen wird (vgl. ebd.). Jesper Juul sieht in „Erziehung" ein einseitiges Vorgehen – ein Erzieher erzieht einen Zögling, gleich der alten Metapher des Steinmetzes, der aus dem Felsen eine Figur herausmeißelt. Dem gegenüber würde man jetzt erwarten, dass Juul das andere Extrem vertritt – der Gärtner, der die Saat seines gehegten Beetes begießt und jeden neuen Spross freundlich begrüßt. Aber so einfach macht er es sich nicht. Juul verweist klar darauf, dass Erziehung vor allem Gegenseitigkeit impliziert; sich als Prozess darstellt, in dem beide Seiten, die miteinander in Interaktion treten, aufeinander einwirken und sich „erziehen" (Juul 2013b, 28). Darum folgert er, aus „Erziehung" müsse „Beziehung" werden (ebd.), weil sie es ist, die im Mittelpunkt des Zusammenlebens innerhalb einer Familie steht. An anderer Stelle liest man auch „Einbeziehung". Dies verdeutlicht einen zusätzlichen Akzent auf das große Thema Verantwortung.

In *Was Familien trägt* liefert Juul seine aktuelle Einschätzung der Lage der Familien in Europa und stellt fest, dass die „traditionelle Kernfamilie mit ihrer starren Rollenverteilung und dem ehelichen Versprechen ‚Bis dass der Tod uns scheidet' […] bereits vor einer Generation zusammengebrochen" (Juul 2012b, 7) ist. Die Möglichkeiten, Familie zu leben, haben sich vervielfältigt und mit ihnen auch die Werte. Juul sieht sich selbst als Angehöriger der ersten Generation nach diesem Zusammenbruch, die allem, was ihre Eltern lebten, den Heiligenschein nahmen und infrage stellten, „[…] doch sind im Grunde erst in den letzten zehn Jahren neue Spielregeln für Partnerschaft und Kindererziehung aufgestellt worden" (ebd.). So gibt es heute keine Einigkeit darüber, was richtig und falsch in der Kindererziehung und Partnerschaft ist. Vielmehr trifft jedes Paar darüber eine individuelle Entscheidung, auch, erklärt Juul, weil wir nicht mehr auf brauchbare Rollenmodelle zurückgreifen könnten.

Die Entwicklung der Pluralisierung der Lebensformen fördert, neben der klassischen Kernfamilie, die schon zur Normalität gewordenen Alleinerziehenden oder „Ein-

Eltern-Familien", im gleichen Zuge die sich zunehmend etablierende Patchworkfamilie und Mütter oder Väter, die nur gelegentlich mit ihren eigenen Kindern zusammenleben; homosexuelle Paare mit und ohne Kinder; Adoptivfamilien; Pflegefamilien; Familiengemeinschaften mit mehreren Generationen unter einem Dach (vgl. Juul 2012b, 7f.) oder auch Eltern mit Beeinträchtigungen, die mit ihren Kindern zusammenleben, zu Tage.

Die Gesellschaft ist um einiges vielfältiger, offener und toleranter geworden, als sie es noch vor fünfzig Jahren war, befindet sich aber noch auf dem Weg zu mehr Akzeptanz und Gleichberechtigung und weniger direkter sozialer Benachteiligung und Ausgrenzung. Noch immer hat ein großer Teil der oben genannten „neuen" Familienformen mit systematischen Benachteiligungen zu kämpfen. Deshalb könne man nicht von einem gewöhnlichen Generationenwechsel sprechen (ebd.). Die eingangs angesprochene Unsicherheit, die durch diese Veränderungen entsteht, schlägt sich für Juul auch in dem Faktum nieder, dass Kinder, im Zuge des flächendeckenden Ausbaus der Ganztagsbetreuung, heute immer mehr Zeit ihrer Kindheit in pädagogischen Institutionen verbringen und professioneller Pädagogik damit deutlich stärker als familiärer Erziehung ausgesetzt sind (vgl. Juul 2012d). Die Eltern von heute wenden sich – wenn auch offener als je zuvor – an die „Profis" und suchen Rat bei den „Erziehungsexperten". Dabei verantworten sie aber immer weniger ihre eigenen Entscheidungen, was für die existente Orientierungslosigkeit spricht.

Auch erhalten die Eltern keine einheitlichen Antworten, denn es gelingt nicht mehr, Tipps nach Schema F zu geben. Wie *man* es richtig macht, lässt sich deshalb nicht sagen, weil es keinen breiten Konsens kollektiver gesellschaftlicher Werte mehr gibt. Die Individualität wird gepriesen, während Konformität als konservativ und angestaubt verabscheut wird. „Bloß nicht anpassen!" hört man es rufen.

Die Ideale der Erziehung bis in die 1960er Jahre lassen sich mit einer Reihe von Schlagwörtern umreißen: Konsequenz, Loyalität, Anpassung, Unterordnung, Gehorsam, autoritative Macht, Angst und Respekt der Kinder gegenüber ihren Eltern. Ebenso ein weitverbreiteter Glaube, nach einem Ungehorsam „körperlich züchtigen" zu dürfen. Es ist wesentlich schwieriger, die heutigen Erziehungspraktiken mit wenigen Schlagwörtern zu umschreiben. In vielen Kulturkreisen, auch innerhalb Europas, ist es nach wie vor angesehen, wenn die Kinder bei einem Vergehen hart bestraft und körperlich gezüchtigt werden.

Juul betont, Kinder sollten ihren Eltern nicht blind gehorchen und einfach funktionieren, sondern es ist ihnen erlaubt, ihre Bedürfnisse und Wünsche zu artikulieren. Sie haben ein Recht darauf, gehört und ernst genommen zu werden. In welchem Modus dies geschieht, müsse im Rahmen der elterlichen Erziehung erprobt werden.

## 2.2 Zentrale Werte innerhalb der Familie

Den Trend, mehr über sich nachzudenken, gilt es durch pädagogische Prozesse zu beflügeln und zu begleiten. Anstelle des „Rezept[s] fürs große Familienglück" geht es Juul darum, „Anregungen, über [die] persönlichen Wertvorstellungen nachzudenken" anzubieten (Juul 2013a, 7). Aus seiner praktischen familientherapeutischen Erfahrung heraus, formuliert Juul vier zentrale Werte, die Familien als Richtschnüre dienen können: Gleichwürdigkeit, Integrität, Authentizität und Verantwortung.
Würden diese vier Werte innerhalb der Familie, d. h. zwischen den Eltern und zwischen Eltern und Kind, beachtet, könnten Kinder zu eigenständigen, selbstbestimmten Persönlichkeiten werden, die Verantwortung für sich und andere übernehmen könnten, die um ihre Grenzen wüssten und diejenigen anderer respektierten (vgl. ebd.).
Erwachsene Menschen zeigen zwei Verhaltensmuster, die Juul als gegensätzliches Paar bestimmt: inneres und äußeres Verhalten. Während das innere Verhalten die Gedanken- und Gefühlswelt repräsentiert, steht das äußere Verhalten für die Art und Weise, wie wir anderen Menschen (sprachlich und körpersprachlich) gegenübertreten. Oft gibt es in dieser Artikulation einen beträchtlichen Unterschied (vgl. Juul 2012b, 23f.). Der erwachsene Mensch schwankt zwischen seiner individuellen Persönlichkeit und den Erwartungen, die durch von ihm eingenommene gesellschaftliche Rollen von seinem Umfeld erwartet werden. Präziser, pendelt er zwischen persönlicher Autonomie und gesellschaftlicher Anpassung oder Kooperation und Individuation (vgl. Juul 2013b, 11).
Die meisten Menschen sind, wenn sie feste Partnerschaften eingehen oder Familien gründen, noch unreif. Juul meint dies nicht abwertend, sondern als sachliche Feststellung, dass junge Erwachsene sich selbst oft noch nicht gut genug kennen, d. h. ihre Bedürfnisse, Grenzen, Werte nicht genügend reflektiert haben, um klar zu sagen, wer sie sind und was sie ausmacht.

Innerhalb einer neuen festen Beziehung wird dieser Reifungsprozess vorangetrieben, weil er notwendig für eine gute Beziehungsqualität ist (vgl. Juul 2012b, 23f.). Die Beziehung steht für Juul im Mittelpunkt von Partnerschaft und Familie. Wenn ihre Qualität gut ist, so fühlen wir uns wohl und können uns entfalten und als Menschen weiterentwickeln, andernfalls verkümmern wir.

Interessant ist an dieser Stelle das folgende Zitat Juuls: „Erwachsene Partner verkümmern nicht, weil etwas mit ihnen selbst oder dem anderen nicht in Ordnung ist; genauso wenig wie Kinder verkümmern, weil sie schlechte Eltern haben. Wir verkümmern, wenn das, was zwischen uns passiert, nicht die richtigen Elemente oder *Qualitäten* enthält […] – gleichgültig ob die [sic!] konstruktiv oder destruktiv sind" (Juul 2012b, 24). Die angesprochenen Qualitäten als Bausteine der Familie oder Partnerschaft anzusehen, bedeutet konkret, sich innerhalb dieser Beziehung ein gemeinsames Wertefundament zu erschaffen bzw. sich auf ein solches zu einigen, um die Beziehung tragfähig zu machen.

Die genannten vier basalen Werte beziehen sich aufeinander und beeinflussen sich wechselseitig, wie ich noch zeigen werde (siehe Abb. 1). Eingebettet sind sie in das Verständnis der Führungsrolle der Erwachsenen sowohl innerhalb der Partnerschaft als auch gegenüber den Kindern. Dies bildet wiederum die unterschiedlichen Sichtweisen auf die Funktion von einer Gemeinschaft ab und verdeutlicht letztlich auch den lebensweltlichen Rahmen der Familie. Ich werde im Folgenden versuchen, die Ideen dieser vier Werte zu verdeutlichen, die grundlegend für das Konzept Jesper Juuls sind.

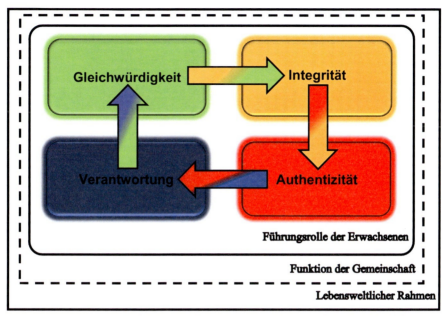

Abb. 1: Vier Werte, die Familien und Beziehungen tragfähig machen (nach Jesper Juul, 2012b).

## 2.2.1 Gleichwürdigkeit

Der Wert Gleichwürdigkeit, betont Juul, habe für ihn nichts mit „ebenbürtig", „gleich stark" oder „Gleichheit" zu tun, sondern drückt sich für ihn vor allem darin aus, als Mensch innerhalb einer Beziehung „von gleichem Wert" zu sein und „mit demselben Respekt gegenüber der persönlichen Würde und Integrität des Partners" zu handeln (vgl. Juul 2012b, 24). Das Wesen einer gleichwürdigen Beziehung zeigt sich in der Anerkennung oder dem gleichermaßen Ernstnehmen der Wünsche, Anschauungen und Bedürfnisse beider Partner. Dabei heißt Anerkennung nicht Erfüllung, bedingungslose Akzeptanz, Konsenszwang oder Basisdemokratie, sondern den anderen als Menschen und Person zu achten, ihn zu hören und zu sehen (vgl. ebd.). Es ist darum nicht zulässig, jemanden aufgrund seines Alters, Geschlechts, einer Behinderung oder Beeinträchtigungen herabzuwürdigen und sich über ihn hinwegzusetzen. Anerkennung, so werde ich auch noch einmal in Kap. 3 darlegen, ist eines der - wenn nicht *das* Grundbedürfnis eines Menschen. Der Wert der Gleichwürdigkeit ist in Juuls Konzept eine der zentralen Qualitäten zwischenmenschlicher Beziehungen. Dabei beruft er sich einerseits auf seine langjährige familientherapeutische Erfahrung, andererseits auf Befunde der Bindungsforschung im Bereich Eltern - Säugling, namentlich Peter Fonagy; Daniel Stern u. a.

Diese Forscher belegten in empirischen Studien, dass die Eltern-Kind-Beziehung dann am gesündesten sei, wenn sie auf Basis einer Subjekt-Subjekt-Beziehung, im Gegensatz zu einer Subjekt-Objekt-Beziehung geführt würde. Kurzum solle man ein Kind wie einen Menschen behandeln, nicht wie einen Gegenstand. Nun, diese Ansicht ist nicht neu. Sie fußt im Wesentlichen auf Theorien und Konzepten der Bindungsforschung von Bowlby und Ainsworth sowie auf Bubers dialogischem Prinzip des „Ich und Du" und wesentlich auf anerkennungstheoretischen Aspekten, wie sie sich bei Axel Honneth finden lassen. Auf die beiden letztgenannten Punkte möchte ich in Kapitel 3 näher eingehen.

Die zentrale Aussage Juuls hinsichtlich des Wertes oder der Eigenschaft der gleichwürdigen intersubjektiven Beziehung ist, dass sie „eine Beziehung [bedeutet], in der die Gedanken, die Reaktionen, die Gefühle, das Selbstbild und die innere Wirklichkeit des Kindes genauso ernst genommen werden wie die der Erwachsenen" (Juul 2013a, 10). Allerdings bleibe die Führungsrolle in der Familie bei den Eltern und solle auch keinesfalls auf die Kinder übertragen werden, erst recht nicht zum Schein. „Kinder brauchen eine Führung, aber nicht die, die wir ihnen bislang angeboten haben. Sie brauchen eine kontinuierliche Begleitung und keine militärische Oberaufsicht" (Juul 2013b, 29). Wenn sich die Kinder als gleichwürdig wahrgenommen, in ihren individuellen Entscheidungen respektiert und in ihren Wünschen und Bedürfnissen bei den elterlichen resp. familiären Entscheidungen als berücksichtigt ansähen, dann verbessere sich die Qualität der elterlichen Führung entscheidend (vgl. Juul 2013a, 10).

Hinter dem Praktizieren von Gleichwürdigkeit steht eine Haltung, die die Eltern zunächst erlernen und üben müssen, bis sie sie verinnerlicht haben. Sie sollten sich täglich neu um die Gleichwürdigkeit bemühen (vgl. Juul 2013a, 11). Schwierigkeiten sieht Juul vor allem darin, dass die heutigen Eltern in ihrer eigenen Erziehung und Ausbildung häufig selbst zum Objekt degradiert wurden. Infolgedessen kennen sie die Erfahrung der intersubjektiven Beziehung überhaupt nicht, sondern haben erlernt zu funktionieren und gehorchen, wenn man ihnen eine Aufgabe stellt oder einen Auftrag erteilt. Sie durften nicht mitbestimmen, d. h. sie brauchten und konnten in einem altersadäquaten Maß auch nie Verantwortung für sich übernehmen, sondern wurden stets von ihren Eltern und Lehrern ferngesteuert. So funktioniert heute jedoch weder Bildung, noch Erziehung, noch Familie, weshalb auch die Eltern umlernen müssen.

In früheren Generationen waren die Rollen in der Familie unumstößlich geregelt. Der Mann gab den Ton an und entschied mit patriarchalischer Allmacht über ja oder nein, richtig oder falsch (vgl. Juul 2013b, 27f.). Schließlich war er der Ernährer der Familie und dafür hatten ihm alle dankbar zu sein. Die Frau hatte für einen sauberen Haushalt zu sorgen und die Kinder nach seinen Maßgaben mit harter Hand zu erziehen. Was heute überspitzt wirkt, war damals (mehr oder minder ausgeprägt) in allen Familien Realität. Auch das Werbefernsehen aus dieser Zeit verdeutlicht diese typischen Rollenmuster sehr eindrucksvoll.

Was sich im Kleinen zeigte, konnte aufs Große übertragen werden (vgl. Juul 2012b, 25): Das Sagen in der Gesellschaft hatte der Mann. An eine Mitbestimmung, Eigenverantwortung oder Gleichwürdigkeit der Frau war nicht zu denken. Diese patriarchalische Diktatur löste sich erst mit der Emanzipation der Frauen und dem Aufbegehren der 68er nach und nach auf. Eine solche klassische Rollenverteilung innerhalb heutiger Familien wird gemeinhin als gestrig bzw. traditionalistisch angesehen und nur noch selten praktiziert (vgl. auch Juul 2012b, 31; Juul 2006, 39f.). Die Frauen entwickelten ein neues Selbstverständnis. Tradierte Werte und Rollenmodelle wurden hinterfragt. Dennoch waren auch die, in der Folgezeit als Alternative angesehenen, demokratischen Werte lediglich ein fortgesetzter versachlichter Machtkampf, um die innerfamiliäre Rangordnung:

„Die demokratischen Werte bilden zwar eine Art Resonanzboden für menschliche Beziehungen, doch regeln sie ausschließlich die Verteilung der Macht und tragen weder den Gefühlen noch der Fürsorge Rechnung, die der Familie ihre Bedeutung verleihen" (Juul 2012b, 25).

Es geht nicht darum, Kinder zu Erwachsenen zu machen und diese Führen zu lassen. Diesem Weg erteilt Juul eine entschiedene Abfuhr. Denn auch heute haben nach wie vor die Eltern die Macht innerhalb der Familie, nämlich in ökonomischer, sozialer und psychologischer Hinsicht, d. h. die Verantwortung für den Umgangston, die Stimmung und die Atmosphäre (vgl. Juul 2012b, 26). Es ist wichtig, dass die Eltern die Richtung angeben und eindeutig führen, aber genauso sollten sie sich der von ihnen ausgehenden Macht bewusst sein und diese nicht gegen die Kinder missbrauchen. Auf lange Sicht führe dies zu Distanz und Destruktion zwischen den Familienmitgliedern. Kinder kämen zwar mit großer Weisheit, jedoch mit wenig Erfahrung auf die Welt, sodass sie ein Bedürfnis nach persönlicher Autorität und Führungskraft eines Erwachsenen hätten (vgl. ebd.). Angesichts der Vorerfahrungen der Eltern ist es in der momentanen Zeit verständlich, wenn Väter und Mütter mit Unsicherheit und Vorbehalten reagieren oder sogar im Zweifel Zuflucht in alten Gewohnheiten suchen und ihre Kinder wieder so erziehen, wie sie es von ihren eigenen Eltern erfahren haben. Da gab es Erwachsene, die ihre Macht ausübten, ihre Kinder zeitgleich aber nie auch fürsorglich behandelten (vgl. Juul 2013a). Mit der 68er-Bewegung und der Emanzipation der Frauen integrierten sich neue, postmoderne Ansichten, die modernen oder traditionellen Ansichten Platz machen mussten. Als eine weitere gesamtgesellschaftliche Veränderung in dieser Größenordnung möchte ich die Inklusion sehen. Sie fordert langfristige Veränderungen ein, auf die ich später eingehen werde.

Auch wenn wir sehr aufgeklärt erscheinen, sind Mann und Frau heute der Tradition immer noch stark verhaftet (vgl. Juul 2012b, 31). Häusliche Pflichten würden zwar gleich verteilt, aber nicht die Verantwortung. Der Mann „sollte sich zumindest verantwortlich fühlen, genug zu essen zu bekommen, anständig gekleidet zu sein und selbstständig notwendige hygienische Maßnahmen" (ebd.) zu treffen. Während die Frau sich in einem Übermaß an Fürsorge nicht selbstvergessen solle, d. h. mehr zu leisten versuche, als sie im Stande ist.

Juul schlägt vor, innerhalb einer langen Übergangsphase, die es dauern wird, bis diese eingefahrenen Ansichten abgelegt werden, festzulegen, dass jeder für sich selbst sorgt. Falls dann jemand täglich Aufgaben übernähme, sei dies keine Selbstverständlichkeit, sondern als Geschenk für die Gemeinschaft zu begreifen, welches freiwillig und ohne Forderung einer Gegenleistung erfolgt.

Mithin fordert Juul in dieser Zeit, hin zur Gleichwürdigkeit, Zugeständnisse zu machen. Er fordert die Eltern auf, immer wieder zu prüfen:

„Was sind meine eigenen, ganz persönlichen Werte [und inwiefern dominieren diese unser Familienleben, Anm. J.I.]? Wie bewahre ich meine eigene Integrität, damit ich die meines Kindes wahren kann? Wie gelingt es mir, meine Eigenheiten und Fehler anzunehmen, damit ich mein Kind um seiner selbst willen liebe und nicht, weil es etwas Bestimmtes tut oder sein lässt?" (Juul 2013a, 11).

Damit verbunden sind die Fragen: Welche Ansprüche stelle ich an mein Kind? Inwiefern sind diese berechtigt? Inwiefern kann ich diese vernachlässigen, weil sie mit meiner Vergangenheit und meinen Erfahrungen, aber nicht mit den heutigen Lebensumständen meines Kindes und unserer Familie zu tun haben? Diese Fragen ernsthaft zu beantworten, erfordert von jedem Elternteil vor allem eine tiefgründige Selbstreflexion, insbesondere mit seinem „persönlichen Päckchen aus Glaubenssätzen und Verhaltensmustern" (Juul 2013a, 11). Sich bei dieser Selbstreflexion extern beraten oder anleiten zu lassen, kann für manche Eltern eine zusätzliche Unterstützung bedeuten, muss aber jeweils persönlich entschieden werden.

Während in den früheren Generationen Gehorsam (gegenüber den Eltern) erste Verhaltensmaxime war, trauen sich heute viele Eltern nicht mehr, offen Macht auszuüben. Denn der Macht haften ausschließlich negative Konnotate an. Dies ist fatal, weil Eltern, wie oben ausgeführt, diese Macht selbstverständlich besitzen und nur so tun, als hätten sie diese nicht (vgl. Juul 2012b, 26). An dieser Stelle vergleicht Juul die Familie mit einem Betrieb. Es hemme das Wohlergehen und die Produktivität aller, wenn die, die eigentlich führten, so täten, als würden sie nicht führen. Aus dieser „Schein-Mitbestimmung" wächst die Erfahrung, dass es am Ende doch anders gemacht wird, als alle wollen, was wiederum die Bereitschaft zerstört, sich auch weiterhin für die Gemeinschaft einzusetzen.

Wenn Eltern ihre Macht und Lebenserfahrung verleugnen und sich auf eine Stufe mit ihren Kindern stellen, dann sind beide Seiten überfordert. „Die Frage ist daher nicht, *ob* die Erwachsenen die Macht besitzen, sondern *wie* sie diese zu nutzen gedenken, und an dieser Stelle erweist sich die Gleichwürdigkeit als die konstruktivste aller Wertvorstellungen" (Juul 2012b, 26; seine Hervorhebungen). Es geht darum, seine Kinder in sie betreffende Entscheidungen (Umzug; Schulwechsel; Teilnahme am Begräbnis des Opas; Scheidung und Verbleib der Kinder; Entscheidung, einen Kredit aufzunehmen oder zu sparen bis man sich den Haustraum erfüllen kann etc.) einzubinden, ihnen zuzuhören, ihre Pläne, Interessen und Bedürfnisse ernst zu nehmen und die eigene Entscheidung zu überdenken. Niemand sollte beschämt oder der Lächerlichkeit preisgegeben werden.

Einander innerhalb der Familie gleichwürdig zu behandeln, setze keine ewige Harmonie oder rosarote Brille voraus. Gleichwürdigkeit funktioniert auch bei Wut oder schlechter Laune (vgl. Juul 2012b, 27; Juul 2013b, 128ff.). Daraus folgt die wichtige Erkenntnis, dass sich Gleichwürdigkeit am deutlichsten in der Weise erkennen lässt, wie wir miteinander sprechen.

Die Grundlage für eine gleichwürdige Kommunikation miteinander bildet die Form des Dialogs. Im Dialog wird Gleichwürdigkeit erzeugt, und damit der Dialog gelingen kann, braucht es Gleichwürdigkeit. In einer Diskussion steht das Ziel fest, nämlich den anderen von meiner Denkweise zu überzeugen, für meine Ansichten zu gewinnen oder für meine Interessen zu vereinnahmen und dabei gegen *seine* Ansichten etc. Sturm zu laufen. Für jedes seiner Contra-Argumente liefere ich solange ein Pro-Argument, bis ich gewonnen habe und der andere sein Gesicht verliert. Die Gesprächsform der Diskussion missachtet und verletzt damit häufig die Integrität der Beteiligten, indem sie theoretisiert und über den anderen hinwegspricht. Damit belastet die Diskussion oder der Streit die Beziehung. Der andere fühlt sich verraten und distanziert sich. Eine gemeinsame Lösung ist oft nicht erreichbar, auch weil man über den anderen spricht, anstatt nur über sich (vgl. Juul 2012b, 35f.). Meist bedeutet der Gewinn einer Diskussion auch nur kurzzeitigen Waffenstillstand und der nächste Streit ist schon vorprogrammiert, weil der Verlierer frustriert ist und sich weder akzeptiert noch verstanden fühlt (vgl. ebd.). Innerhalb einer Diskussion wird der Beziehungsaspekt meist vernachlässigt, obwohl er das Entscheidende ist. Das Eisberg-Modell, welches ursprünglich auf Sigmund Freud zurückgeht, wurde von Paul Watzlawick auf die Kommunikation übertragen. Vereinfacht kann man sagen, dass der Sache, um die es geht, lediglich 20 % Beachtung geschenkt wird, den Beziehungsaspekten werden hingegen bis zu 80 % Aufmerksamkeit gewidmet. Dieses Phänomen ist alters- und geschlechtsunabhängig zu beobachten, auch wenn oftmals noch behauptet wird, Männer sprächen eher über die Sache, während Frauen vor allem auf der Beziehungsebene sensitiv seien. Dies ist ein überholtes Geschlechterklischee. In Paarkonflikten geht es häufig nicht um die kleinen Dinge, sondern schnell „ums Prinzip", d. h. um die Beziehung mit einander. Diesen Ansatz hat Friedmann Schultz von Thun im sog. „Vier-Ohren-Modell" erweitert. Beide Kommunikationsmodelle gehören mittlerweile zum Standard jedes Seminars über Kommunikation. Sie können anregen, durch einen Perspektivenwechsel reflexiv über kritische Situationen und deren Ausgang nachzudenken.

Die Form des Dialoges war bereits in der griechischen Antike bekannt. Sokrates' Mäeutik kann aber eher als Vorläufer dessen betrachtet werden, was wir heute als Dialog bezeichnen, da es einen Fragenden und einen Antwortenden gibt. Der Fragende sieht sich als heimlicher Experte und versucht sein Wissen durch geschicktes Fragenstellen vom Antwortenden bestätigen zu lassen. Das Ziel lautet Einsicht. Das ähnelt sehr der Diskussion, führt aber zumindest schon zum Ergebnis, dass sich der Antwortende nicht (direkt) als Verlierer fühlt. Denn, was im Dialog besprochen wurde, sind gegenseitige Überzeugungen. Die folgende Entscheidung bzw. Abmachung fußt beiderseits auf hoher Akzeptanz, da sich beide (vermeintlich) gleichwürdig ins Gespräch eingebracht haben. Dennoch erfordert ein echter Dialog auf beiden Seiten eine Haltung des Nichtwissens, anstelle der festen Überzeugung in die Richtigkeit der eigenen Position oder der Angemessenheit meiner Entscheidung für das Leben des anderen.

Wesentlich initiierte das heutige Verständnis von „Dialog" der Anfang des 20. Jahrhunderts wirkende jüdische Religionsphilosoph Martin Buber mit seiner „Dialogphilosophie", auf die viele namhafte Philosophen und Wissenschaftler aufbauten (z. B. Jürgen Habermas in seiner „Diskursethik"). Warum der Dialog künftig eines der grundlegenden Elemente des zwischenmenschlichen Umgangs im Allgemeinen und der Erziehung im Besonderen sein sollte und welchen Beitrag der Dialog für das Gelingen von Inklusion leisten kann, auch darauf möchte ich später näher eingehen.

In der Form des Dialogs bringen *beide* Gesprächspartner ihre Gedanken, Wertevorstellungen, Gefühle, Träume und Ziele zum Ausdruck. Jeder Elternteil darf kleinere Entscheidungen in einer konkreten Situation auch eigenverantwortlich vornehmen, gesteht Juul zu. Die großen Entscheidungen müssten Erwachsene aber zusammen treffen und, soweit diese große Auswirkungen auf deren Leben nach sich ziehen würden, könne man seine Kinder ab einem Alter von 4 - 5 Jahren mit einbeziehen. Juul empfiehlt die Form des Dialogs grundsätzlich immer, jedoch vor allem dann, wenn wichtige Entscheidungen getroffen werden müssen, die Auswirkungen auf alle Mitglieder der Familie haben (vgl. Juul 2012b, 40).

Der zu Anfang erwähnte Konflikt zwischen innerem Fühlen und Denken und äußerer Anpassung kommt hier zum Tragen. In uns glaubt Juul, jede Menge beziehungszerstörender Eigenschaften zu wissen, z. B. Neid, Eifersucht, Irrationalität, Minderwertigkeitsgefühle, Arroganz, Größenwahn etc. In uns gäbe es aber ebenso den Drang, irgendwo dazugehören zu wollen. Gleichwürdigkeit helfe in diesem Fall, seine inneren destruktiven Kräfte so zu regulieren, dass ein Leben in einer Gemeinschaft möglich werde. Herrscht eine gleichwürdige Atmosphäre, stärkt dies das Selbstwertgefühl des Einzelnen, sodass es für ihn leichter ist, in der Gemeinschaft eine konstruktive Rolle einzunehmen (vgl. Juul 2012b, 27; 2013b, 91ff.). Wir sollten auf Bevormundungen verzichten, d. h. aufhören, alles besser zu wissen. Dazu gehört auch die „erwachsene Definitionsmacht" (ebd., 36). Schnell würden Erwachsene die

Interessen ihrer Kinder moralisch aburteilen (z. B. Tochter (14) will sich ein Piercing stechen lassen). Die Eltern bestrafen, weil sie vorschnelle Urteile fällen (z. B. zu unreif, zu jung, Piercings verschandeln, Rufschädigung) und Situationen bewerten, ohne sie zu hinterfragen bzw. sich genauer nach Gründen oder Motivationen hinter den Wünschen und Interessen zu erkundigen. Eine sofortige Intervention in Form einer Drohung oder Bestrafung sei aber oft unangemessen und unnötig. Vielmehr solle man als Eltern eine gewisse Zeit abwarten und beobachten und dann ggf. reagieren oder eingreifen (vgl. Juul 2013b, 28).

Juul empfiehlt auch hier den Dialog, um stattdessen den anderen als Person wahrzunehmen und seine Wünsche anzuerkennen, ohne ihn zu beschämen oder zu verletzen. Bei der Formulierung einer Antwort gilt es, authentisch zu sein und nicht in eine künstliche, von gesellschaftlichen Erwartungen genährte Rolle, z. B. einer „richtigen" Mutter, hineinzuschlüpfen. Der Maßstab können heute gar nicht mehr die anderen Familien aus der Schulklasse des Kindes sein. Das Argument „die anderen Eltern erlauben das doch auch" gäbe es heute nicht mehr, stellt Juul fest, was er damit begründet, dass die gemeinsame Wertegrundlage fehle, die es vor einigen Generationen gab (vgl. Juul 2012b, 36). In der heutigen Gesellschaft existiert ein Wertepluralismus.

Jede Familie kann und muss für sich entscheiden, auf welche Weise sie ihre Kinder erzieht und wie konkret „Familie" gelebt werden soll. Die Gleichwürdigkeit und persönliche Integrität wahre ich, wenn ich mir klar mache, dass der andere genauso wichtig und mindestens so verletzbar ist, wie ich selbst. Es gilt zuzuhören, jeden seinen Standpunkt erschöpfend darstellen zu lassen, um sich dann Zeit zu nehmen, eine Entscheidung zu treffen. Somit ist man miteinander ins Gespräch gekommen: Vielleicht gebe ich dann meinen Standpunkt auf und stimme dem Wunsch zu, vielleicht bin ich mir meines eigenen Standpunktes noch gar nicht sicher und verlange zunächst bessere Argumente, damit ich zustimmen kann oder ich entscheide, dem Wunsch nicht nachzukommen.

Als Eltern muss man nicht auf jeden Wunsch seines Kindes eingehen, aber sollte versuchen, das dahinterstehende Bedürfnis zu erkennen. Ein „Nein" gehöre zur klaren Sprache, die das Kind brauche. Eine Ablehnung des Wunsches mit einem direkten „Nein" ist sicher für den Moment hart und führt zu Enttäuschung. Das Kind fühlt sich aber dennoch gehört und weiß, woran es ist. Es fühlt, dass sich ernsthaft mit seinem Wunsch auseinandergesetzt wurde. Wenn das „Nein" aus einem gleichwürdigen

Dialog heraus entsteht, schadet es der Beziehung nicht und kann mit gutem Gewissen ausgesprochen werden (vgl. Juul 2013b, 137ff.).

Treten in der Familie Konflikte auf, so sind es nie persönliche, sondern immer schon gemeinsame Konflikte, denn sie entstehen in der Beziehung miteinander. Alle Mitglieder der Gemeinschaft sind also verantwortlich, sich an der Lösung des Konflikts zu beteiligen; auch diejenigen, die eigentlich zufrieden sind und keinen Konflikt sehen. Der Partner oder das Kind wird gleichwürdig behandelt, denn er erfährt Anteilnahme. Seine Integrität bleibt unbeschadet. Dafür ist es auch unerlässlich, klar seine Bedürfnisse artikulieren zu können (Ich will…, Ich brauche…; nicht: Ich möchte…, Ich würde…). Der andere sollte nicht kritisiert werden, denn das provoziert Schuldgefühle und eine Rechtfertigung und ist damit die direkte Einladung in eine Diskussion. Selbstmitleid und Vorhaltungen sind innerhalb eines Dialogs ebenfalls fehl am Platz. Man solle die eigenen Verantwortlichkeiten überprüfen, d. h. Verantwortung für die eigene Situation übernehmen, sich selbstkritisch unter die Lupe nehmen, Fehler einräumen und auf gemeinschaftliche Bedürfnisse aufmerksam machen. Gefordert ist Transparenz, d. h. *über sich* (eigene Wahrnehmung schildern) und *für sich* selbst zu sprechen sowie andererseits einfach zu antworten auf das Bedürfnis des anderen, dem anderen zuhören, seine eigene Wahrnehmung schildern, für sich sprechen und dann eine Entscheidung fällen (vgl. Juul 2012b, 40f.). Indem ich für und über mich spreche, ist garantiert, dass jeder nacheinander zu Wort kommt, ohne bewertende Kommentierungen oder Unterbrechungen. Es ist damit aber auch ausgedrückt, für sich selbst bzw. nur in seiner eigenen Angelegenheit zu argumentieren, statt gegen den anderen. So wird weder eine Rechtfertigung gefordert oder Schuld gesucht noch gibt es einen Verlierer und einen Gewinner.

Wenn ich einen Konflikt zwischen meinen Bedürfnissen und der aktuellen Situation feststelle, sollte ich diesen darstellen und dem/den anderen die Möglichkeit geben, seine/ihre Würde wiederzuerlangen, d. h. Zeit lassen, sich mit dem Konflikt auseinanderzusetzen und eigene Lösungsvorschläge zu formulieren.

Letztlich ist gar nicht mehr das Ergebnis das Entscheidende, sondern der Prozess bzw. der Weg des gleichwürdigen Dialogs hin zu einer Entscheidung, auf dem alle gehört wurden, sich eingebracht haben und das Gefühl von „Leere" verspüren, weil alles gesagt ist (vgl. Juul 2012b, 38). Der gleichwürdige Dialog hat dann ermöglicht, dass sich alle besser kennenlernen. Die Kenntnis von Grenzen, Bedürfnissen, Ansprüchen, Bedarf an Unterstützung etc. ist als solches dann beziehungsfördernd, weil bei

künftigen Konflikten entsprechend auf sie zurückgegriffen werden kann. Verschiedene Perspektiven wurden dargestellt, die Kreativität bei der Lösungssuche multipliziert und schließlich die Beziehung zueinander intensiviert (vgl. ebd., 34f.).
Kritik an den Gefühlen, Gedanken oder Erfahrungen des anderen zu üben, verletzt diesen meist. Juul spricht von Energieverschwendung. Es ist besser, die Energie, die ich in das Kritisieren stecke, für die kreative Lösungsfindung zu nutzen. Das erfordert vom Einzelnen, im Denken flexibel zu sein und ausgetretene Pfade zu verlassen. Je ernsthafter der Prozess geführt werde und je konsequenter man sich an die Spielregeln des gleichwürdigen Dialogs halte, desto leichter fiele es, eine Lösung zu finden. Der Dialog erzeugt eine „bewusste Gegenseitigkeit" (Juul 2012b, 42). Darunter versteht Juul, dass innerhalb der Familie alle zu jeder Zeit willens sind, voneinander zu lernen. Damit betont er gleichzeitig die Wichtigkeit von Offenheit, Neugier und Interesse innerhalb der Familie (vgl. Juul 2012b, 46f.). Durch diese quasi-symbiotische Beziehung könnten sich alle weiterentwickeln.

Dagegen beurteilt Juul den Einsatz genereller Methoden im Umgang mit Kindern als gefährlich. Das Prinzip der Gegenseitigkeit werde hier nicht berücksichtigt, da Methoden, nach Juuls Ansicht, immer einseitig wirken und daher auch der Beziehung schaden. Vielmehr könne man Methoden oft mit Dressur gleichsetzen. Der Anwendungskontext würde meist ignoriert, sodass von einer echten Auseinandersetzung mit dem Kind nicht die Rede sein könne. Der Machthaber traktiert den Machtlosen (vgl. Juul 2012b, 43). Das Ziel ist, überspitzt ausgedrückt, dass das Kind auf Kommando oder durch geschickte Manipulation gehorchen soll. Verschärft wird dies, wenn das Kind bei Erfüllung auch jedes Mal überschwänglich gelobt wird. „Ich finde es absurd, wenn Eltern die Vorstellung haben, ihre Kinder müssten sich sofort ändern, nur weil sie es sich so wünschen" (Juul 2013b, 28). Diese Erziehungspraktik erinnert sehr an die Operante Konditionierung nach Skinner, die man gemeinhin bei Ratten, Hunden, Affen oder anderen Tieren einsetzt. Dieses Funktionieren impliziert ein mechanistisches Menschenbild, welches im Wesentlichen auf der Vorstellung des Menschen als trivialer Maschine (aufgezeigt bei H. v. Foerster, in: Schlippe/Schweitzer 2012, 90f.) beruht: Drücke ich Schalter A, funktioniert B. Dies hat nach heutigem modernen Verständnis absolut nichts mehr mit Erziehung zu tun.

Um dieser Falle zu entfliehen, rät Juul, in Anbetracht einer gleichwürdigen, kooperativen Atmosphäre, das wechselseitige Verhältnis der Familienmitglieder, d. h. die Werte der Eltern und die Integrität des Kindes, die den lebensweltlichen Kontext bilden, zu beachten (vgl. Juul 2012b, 43). Wir sollten in Erfahrung bringen, ob jene Handlungen, die wir als wertvoll für den anderen einschätzen, von ihm auch als wertvoll empfunden werden (vgl. Juul 2012b, 46f.).

In Bezug auf die Kinder merkt Juul an, dass diese nicht bewusst provozierten, da dies intellektuell erst relativ spät möglich wäre. Vielmehr sollten sich die Eltern fragen, weshalb sie sich provoziert fühlten. In Bezug auf den Partner empfiehlt Juul „konstruktive Selbstbezogenheit". Hier geht es darum, seinen Gefühlen authentisch (je nach Temperament) Luft zu machen, die Gegenseitigkeit anzunehmen und die Beziehung zu bereichern, indem man auf Schuldzuweisungen, Fehlersuche und Kränkungen verzichtet. Jede Familie müsse auch Machtkämpfe führen. Es geht aber um die generelle Richtung. Nehmen die Machtkämpfe Überhand, muss sich die Familie bemühen, die Gleichwürdigkeit wiederherzustellen, auch um nicht Zeit und Energie zu vergeuden, wie oben bereits erwähnt.

Die Form des Dialogs ist entscheidend, hingegen würde der goldene Mittelweg oder Zwang zum Kompromiss auf Dauer die Gemeinschaft zerstören. Jesper Juul ist der Ansicht, dass jedes Familienmitglied seinen Willen äußern können muss, allerdings ohne auch die Garantie zu haben, dass diesem Willen entsprochen wird. Alle Wünsche sind gleichermaßen anzuerkennen, es gibt keine Rangordnung darin, wer welchen Wunsch äußert. Juul sieht Gleichwürdigkeit als Schlüssel für lebenslange Liebe und Vertrauen in Beziehungen an. Sie könne schwierige Beziehungen in tragfähige und intensive verwandeln. Zudem erhielten die Eltern bei der Umsetzung prompt positives Feedback ihrer Kinder, was einen schnellen Lerneffekt garantiere und motiviere, an der Gleichwürdigkeit festzuhalten (vgl. ebd.).

Der Wandel von der Moderne zur Postmoderne markiert gewaltige gesellschaftliche Veränderungsprozesse. Eine Übersicht zu wesentlichen Merkmalen dieser Prozesse bietet das Werk *Kultur und Subjekt* von Max Fuchs (2012, besonders 56ff.). Ebenso empfohlen werden kann Johanna Robecks *Von der Segregation über Integration zur Inklusion* (2012), welches historische Zusammenhänge auf dem Weg zur Inklusion nachzeichnet. Eine tabellarische Gegenüberstellung der Dichotomien von Moderne und Postmoderne findet sich bei Palmowski (2011, 26).

## 2.2.2 Integrität

„Wir halten das Reifen einer persönlichen Integrität beim einzelnen Menschen für das natürliche Ziel in der Kindererziehung und der Pädagogik des 21. Jahrhunderts" (Juul 2012f, 46). Die Förderung der persönlichen Integrität kann als Schlüsselkonzept im Ansatz einer neuen, nach den Sichtweisen von Juul ausgerichteten Erziehung und Pädagogik betrachtet werden. Es ist sehr schwierig, dieses Konzept auf wenige Kernpunkte zu reduzieren. Nichtsdestotrotz möchte ich das Konzept der Integrität bei Juul detailliert beleuchten. Wie Abb. 1 verdeutlichte, beeinflussen und bedingen sich die vier Werte; ein Zahnrad greift ins andere.

Bei Juul wird die Integrität des Einzelnen definiert als „ein Gefühl von Ganzheit und Verbindung zwischen innerer und äußerer Verantwortlichkeit (Juul 2012f, 47). Die innere Verantwortlichkeit kann mit persönlicher Verantwortung, Eigenverantwortung und Selbstbestimmung umschrieben werden, d. h. jeder Mensch ist verantwortlich für „seine [...] eigenen Grenzen, Bedürfnisse, Gefühle und Ziele" (ebd., 48). Juul bezeichnet sie auch als „existenzielle Verantwortung", denn niemand kennt mich besser als ich selbst, weshalb ich sowohl das Recht als auch die Pflicht habe, für mich *allein* zu entscheiden (vgl. ebd.).

Dem Ausdruck „existenziell" misst Juul eine breitere Bedeutung bei. In einem weiten Sinne bezeichnet er nicht nur eine Lebensnotwendigkeit, sondern fokussiert auf die Beziehung zwischen Integrität und Kooperation bzw. Individuation und Anpassung, d. h. „existenziell" meint hier das Überleben können, ohne auf Fürsorge verzichten zu müssen, und verdeutlicht damit auch das Abhängigkeitsverhältnis zwischen Individuum und Gemeinschaft.

Die innere Verantwortlichkeit entwickelt sich über das gesamte Leben eines Menschen. Dieser Entwicklungsprozess „basiert [...] auf emotionalen Wahrnehmungen und Erfahrungen [...], deren Qualität in erster Linie von der emotionalen Interaktion des Kindes mit den Eltern und den Geschwistern abhängt" (ebd.). Insofern spielen die gebotene emotionale Anregung und die Haltung und Werte, die die Eltern verkörpern, eine entscheidende Rolle bei der Ausbildung von innerer Verantwortlichkeit.

Die äußere Verantwortlichkeit, die auch als soziale Verantwortlichkeit bezeichnet wird, bezieht sich auf die kulturellen und sozialen Werte außerhalb des einzelnen

Menschen, die er erlernen und beachten muss, um Mitglied einer Gemeinschaft sein zu können. Er muss sich zu diesem Zweck und im Rahmen seiner intellektuellen Fähigkeiten mit Theorien und Gedanken auseinandersetzen, die diese Werte begründen, um sie schließlich in seine Persönlichkeit integrieren zu können. Konkret gilt es, für den Einzelnen seinen individuellen Platz im Wertesystem der Gemeinschaft auszuloten. Es ist im Rahmen des postmodernen Wertepluralismus (vgl. ebd., 49) nicht mehr Ziel des Einzelnen, sich bestmöglich unterzuordnen und dabei dem Wohle der Gemeinschaft zu verpflichten. Vielmehr setzt der Einzelne die äußeren Werte und Traditionen in Bezug zu seinen eigenen emotionalen Erfahrungen und Wahrnehmungen, um einen Kontext oder eine Ganzheit zu kreieren. Er macht sich damit die äußeren Werte zu eigen („internalisiert" sie) und formt damit seine persönliche Integrität. Dies verlangt, als Kern der persönlichen Entwicklung des Einzelnen, seine persönlichen Erfahrungen fortlaufend zu untersuchen und zu überprüfen (vgl. ebd.). Der Ausdruck „persönlich" impliziert immer den später noch zu besprechenden Wert der Authentizität. Der Kontakt zu anderen Menschen als Stütze, Inspiration, anerkennende Zeugen oder Herausforderungen (vgl. Juul 2012f, 52) bildet dann den Rahmen sowohl für die Anregung zur Überprüfung („Introspektion") als auch für das Ausprobieren bzw. die Absicherung (Trial-and-Error-Prinzip) neu internalisierter Einstellungen. Somit ändert sich die ausgelotete Position innerhalb der Gemeinschaft stetig mit. Dies impliziert auch die Herausforderung regelmäßiger Identitäts(neu)findung.

Es ist daher legitim, sich für den bequemen Weg zu entscheiden, sich dem Wertesystem vollständig unterzuordnen, ebenso wie für die unbequeme Variante, nämlich seine Individualität zu entwickeln und zu verteidigen und auf die Suche nach dem „Wer bin ich?" zu gehen: „Gehorsam ist zu einer persönlichen Entscheidung geworden und nicht [mehr] autoritärer Anspruch und / oder soziale Notwendigkeit" (ebd.).

Juul geht auch kurz auf die historisch gewachsene Bedeutung von Integrität ein. Interessant ist, dass sich Integrität nach dem Zweiten Weltkrieg auf immer mehr Ebenen etabliert hat. Angefangen mit der Religionsfreiheit, die als Form der Anerkennung geistiger Integrität begriffen werden müsse (vgl. Juul 2012f), über physische und psychische bis hin zur sexuellen Integrität, deren Notwendigkeit stets aus massiven gesellschaftlichen Veränderungs- bzw. Lernprozessen entstanden ist. So kann auch im Hinblick auf das Vorhaben der Inklusionsbewegung, die die Akzeptanz von Verschiedenheit fordert, eine weitere Ebene in der Anerkennung persönlicher Integrität des Einzelnen erkannt werden.

Der Stellenwert der Gruppe, die das Leben und Überleben in ihr sicherte, jedoch den Einzelnen nicht wertschätzte, hat sich gewandelt. Sowohl die familien- und paartherapeutische Erfahrung Juuls als auch die Befunde der sozialpsychologischen Gruppenforschung zeigen, dass je stärker der Einzelne ist, desto stärker ist die Gruppe, der er angehört. Wenn es dem Einzelnen gut geht, profitiert davon die Gesamtheit, weil dieser seine Kraft und Stärke weitergeben kann, um anderen Gutes zu tun (vgl. Juul 2012b, 50f.).

In *Das kompetente Kind* stellt Juul Integrität als
„Sammelbegriff für die physische und psychische Existenz des Kindes" dar und subsumiert darunter die Begriffe „Selbstständigkeit, Grenzen, Unverletzbarkeit, Eigenart, ‚Ich', Identität" (Juul 2006, 55).

Die Integrität erhält ihren dialektischen Gegenpol in der Kooperation.

„Kooperation" stellt sich hier besonders in den Verhaltensweisen des Kopierens, Nachahmens und Gehorchens dar. Die Mitglieder einer Familie gehen als Ganzes eine symbiotische Wechselbeziehung mit jedem Einzelnen in ihr ein. Das heißt weder, dass alle immer stark sein müssen, damit die Familie nicht zerbricht, noch verlangt dies, sich für die Familie aufzuopfern. Wenn die Integrität des Einzelnen in der Gemeinschaft geschützt wird, dann ist das im Interesse aller. Jeder Einzelne ist dann stark und stärkt damit die Familie (vgl. Juul 2012b, 50). Eine liberalistische Bewegung, die dem Individuum generellen Vorrang vor dem Wohl der Gemeinschaft zubilligt, wäre jedoch weder möglich noch wünschenswert (vgl. ebd.). Insofern ist Integrität auch nicht mit „Egoismus" oder „asozialem Verhalten" in Verbindung zu bringen. Dies sind Stigmen aus der Gehorsamskultur (vgl. Juul 2012f, 74).

In gewisser Weise sind wir zur Kooperation gezwungen. Ohne eine Gemeinschaft kann der Einzelne auf Dauer nicht überleben. Säuglings- und Beziehungsforscher hätten gezeigt, dass der Mensch von Geburt an den Drang und die Fähigkeit besitzt, soziale Kontakte zu knüpfen. Diese Verhaltensmuster beschreiben eine Überlebensstrategie. Überwiegend unbewusst wägt der Säugling ab, inwiefern seine Integrität intakt bleiben soll und wann er Kontakt zu seinen Eltern und ihrer Fürsorge wahrt (vgl. Juul 2012f, 62). Und auch später möchte der Mensch irgendwo dazugehören, muss zu diesem Zweck aber immer auch anpassungsbreit sein. In diesem Sinne entspinnt sich zwischen der persönlichen Integrität und der Kooperation ein lebenslanger, unauflösbarer Konflikt – im Kindes- und Jugendalter als psychosoziale Entwicklung, im Erwachsenenalter als persönliche und berufliche Reife – der jedoch mit größtmöglicher Aufgeschlossenheit für die Verschiedenartigkeit des Einzelnen, in seiner Intensität abgemildert werden kann, und dann die besten Entwicklungs- und Entfaltungsmöglichkeiten bietet, wenn er Kränkung vermeidet und Fürsorge bringt (vgl. Juul 2012b, 50f.). Diese Haltung fördert m. E., auch die Gedanken der Inklusion innerhalb der Gesellschaft besser zu verankern. Die Fragen, die sich regelmäßig stellen, sind jedoch: Wie viel möchte ich von mir bewahren, damit es mir innerhalb der Gemeinschaft auf Dauer gut geht? Was bin ich bereit zu verändern? Welche Werte der Gemeinschaft tragen dazu bei, meine Persönlichkeit zu vervollständigen („Komplementierung")?

Die persönliche Integrität eines Menschen ist von Anfang an gegeben und wird mit zunehmendem Alter umso komplexer. Sie ist nicht statisch oder determiniert, sondern verändert sich als ein „beziehungsmäßiges Gefühl" dynamisch, in Wechselwirkung mit der aktuellen Umwelt (vgl. Juul 2012f, 50). Juul erklärt die Förderung der Entwicklung der Integrität des Kindes zum „zentrale[n] Bestandteil der gesamten erzieherischen Praxis" (Juul 2012f, 46). Je besser die verantwortlichen Erwachsenen diese Aufgabe erfüllten, desto gesünder könnten Kinder sowohl sozial als auch mental aufwachsen. Die heutigen Rahmenbedingungen garantierten dies bislang nicht, meint Juul. Er erkennt im Verhalten vieler Erwachsener eine Doppelmoral. Sie bewerteten ihr Verhalten und das des Kindes mit zweierlei Maß. Jedoch müssten Zugeständnisse auf der einen Seite, im Sinne der Gleichwürdigkeit, auch auf der anderen Seite eingeräumt werden (vgl. Juul 2012f, 54).
Um Erwachsene, die täglichen Umgang mit Kindern haben, sei es privat oder professionell, dahingehend zu sensibilisieren, die Integrität zu schützen und zu fördern, ist es nötig, sich des herrschenden Ungleichgewichts bewusst zu werden: Während Heranwachsende für verbale und körperliche Übergriffe auf Lehrer oder Eltern heftig moralisch verurteilt werden, stehen andersherum Integritätsverletzungen an der Tagesordnung. Selbst wenn diese weniger heftig sind, so sind sie deutlich häufiger und regelmäßiger anzutreffen (vgl. Juul 2012f, 47). Der Grund dafür liegt in der bereits als überwunden geglaubten, faktisch aber immer noch praktizierten Gehorsamskultur, die erst allmählich ausklingt. Viel zu tief sitzt der Glaube, Kinder dürften sich gegenüber Erwachsenen nicht auflehnen. Es war allezeit verboten, dies zu

tun. Wiederum war es akzeptiert und gehörte zu einer „konsequenten Erziehung", wenn Erwachsene Kinder diskreditierten. Aus diesem Missverhältnis entspinnt sich ein Teufelskreis, der auf Dauer die Lebensqualität aller Beteiligten verringert. Und auch im Bereich professioneller Pädagogik gilt es zu beachten:

> „Die persönliche Integrität des einzelnen Kindes muss wichtiger sein als das konkrete pädagogische Ziel. Niemand sollte die Anwendung der pädagogischen Rahmenbedingungen, Regeln und Methoden gutheißen, wenn sie die Integrität des einzelnen Kindes verletzt oder bewusst dessen persönliche Grenzen übertritt" (Juul 2012f, 134f.).

Die Erziehungsideale vorheriger Generationen wurden bereits in 2.2.1 verdeutlicht. Sowohl im häuslichen als auch im professionellen Umfeld von Erziehung bzw. Pädagogik galten Einschüchterung, Macht und Manipulation als geheiligte Mittel, aber auch das andere Extrem des unangemessenen floskelhaften Lobs ist ein solches Mittel der Manipulation, worauf ich später noch eingehen möchte. Missachtet wurde jedoch, aus welchen Gründen und auf welche Weise die Mittel ihren Zweck erfüllten (vgl. Juul 2006, 61). Die Folgen wurden überhaupt nur ungenügend bedacht, auch weil man sich im Recht wähnte: Man nahm an, Kinder seien unfertige „inkompetente Halbmenschen" (Juul 2006, 62), die erst noch zu richtigen Menschen gemacht werden müssten. Daraus erwächst der Gedanke, man könne und müsse Kinder nicht ernstnehmen und hätte damit die Erlaubnis zur Verletzung kindlicher Integrität. Juul räumt mit diesem alten Irrtum auf. Kinder seien nicht von Natur aus unkooperativ, egozentrisch oder asozial (vgl. Juul 2006, 43).

Das heutige Verständnis fasst Juul so zusammen:

> „Wir wissen, dass Kinder kompetent sind: Kinder können den Inhalt und die Grenzen ihrer Integrität kennzeichnen. Kinder sind von Geburt an sozial. Kinder kooperieren kompetent mit jeglicher Form von Erwachsenenverhalten, unabhängig davon, ob das für ihr eigenes Leben konstruktiv oder destruktiv ist. Kinder geben den Eltern verbale und nonverbale Rückmeldungen, die gleichzeitig kompetente Hinweise auf emotionale und existenzielle Probleme der Eltern sind. Kurz gesagt: Kinder sind am wertvollsten für das Leben ihrer Eltern, wenn die sie am beschwerlichsten finden!" (Juul 2006, 63).

Kinder, die sich also vermeintlich „unkooperativ" verhalten, möchten ihre Eltern aufrütteln und ihnen eigentlich sagen: „So geht's nicht mehr weiter! Lasst uns doch mal miteinander reden, damit es uns allen wieder besser geht!" (vgl. Juul 2006, 68). Aus Gehorsam wird keine innere Verantwortlichkeit kultiviert. Die Kinder sind überfordert, wenn sie als junge Erwachsene vielleicht das erste Mal eigenständig Entscheidungen treffen und für sich sorgen sollen. Darauf hat sie keiner vorbereitet. Ihnen fehlen Strategien, mit Niederlagen umzugehen, weshalb sie auf kleine Frustrationen unverhältnismäßig aggressiv reagieren. Bestenfalls entsteht dann Orientierungslosigkeit, aus der heraus die jungen Erwachsenen die Chance erkennen, ihre Integrität zu entwickeln, oder sie entscheiden sich (zunächst), in der Manier erlernter Hilflosigkeit von den Eltern abhängig zu bleiben und sich fest an sie zu binden. Kinder sind in der Lage, die Unsicherheiten und Unzulänglichkeiten, die von ihren Eltern ausgehen, zu erkennen und zu bemängeln. Auf der Seite der Kooperation unterscheidet Juul zwei Arten: die „spiegelverkehrte" und die Kooperation „richtig herum".

Kleine Kinder können sich noch nicht angemessen sprachlich mitteilen, wenn jemand ihre Integrität verletzt, oder die ersten sprachlichen Versuche wurden seitens der Eltern durch scharfe Ermahnungen und Zurückweisungen im Keim erstickt. Später artikulieren Kinder dann aus Angst oder Scham nur selten direkt, wenn man sie verletzt. Sie machen ihrem Unmut darüber in Form verschiedenster Signale Luft (vgl. Juul 2012f, 55f.; Juul 2006, 189), um eine gestörte Beziehung aktiv zu verändern, zu erhalten oder zu beenden.

Wird die Integrität eines Kindes durch das Verhalten seiner Eltern verletzt, gibt es sich dafür häufig selbst die Schuld und würde nie daran zweifeln, dass die Eltern richtig handeln. Die Integritätsverletzung bietet, vor allem, wenn sie von langer Dauer und Regelmäßigkeit gekennzeichnet ist, den Nährboden für negative Glaubenssätze („Beliefs"), die sich wie ein roter Faden durch das Leben des Kindes ziehen können; auch die Beziehung zu seinen Eltern verändert sich nachhaltig (vgl. auch Juul 2006, 58). Kinder fühlten sich in irgendeiner Weise immer schuldig und verlören, aus falsch empfundener Loyalität gegenüber ihren Eltern, die Selbstachtung und den Selbstwert (vgl. Juul 2006, 57). In der Folge manifestiere sich dies im Aufbau eines negativen Selbstkonzepts („Ich bin schuld", „Ich bin verkehrt", „Ich bin eine Schande"), das sich zusätzlich in Essstörungen oder selbstverletzendem und -zerstörerischem Verhalten äußern könne. Auf diese Weise kooperiert das Kind „richtig herum". Es gibt seine Grenzen auf, wird passiv, zurückhaltend im Äußern eigener Bedürfnisse, fügt sich den äußeren Bedingungen, macht den Anschein eines „pflegeleichten Kindes", obwohl es innerlich frustriert ist und resigniert. Aufgrund ihrer Passivität fallen diese Kinder auch erst spät auf (vgl. Juul 2012f, 63). Innerlich stumpfen sie ab und erlauben sich keinen Kontakt zu ihren eigenen Gefühlen, um nach außen die nötige Stärke zu demonstrieren.

Im Gegenzug gibt es jene Kinder, die „spiegelverkehrt" kooperieren. Sie wehren sich aktiv gegen die gestörte Beziehung, zeigen ihr Unbehagen und ihre Frustration durch

Laute und Motorik; sie klammern, sind aggressiv, erzeugen teils massiven Druck und werden von außen als „schwierige Kinder" gebrandmarkt, möchten jedoch ihre Bedürfnisse ausdrücken und zeigen, dass sie „emotional anwesend" sind (vgl. ebd., 66).

„Je mehr wir die Integrität von Menschen verletzen, desto gehorsamer werden sie: Es dauert 20 bis 30 Jahre, bis sich jemand, der in seiner Kindheit geduckt, unterdrückt, misshandelt oder missbraucht worden ist, verändert" (Juul 2013b, 10) und es bedarf dann möglicherweise auch professioneller Unterstützung, um diese Veränderungen anzuregen oder zu begleiten und das verinnerlichte negative Selbstkonzept zu revidieren.

Erfahrungsgemäß sei das Kind schon ein paar Stunden oder am Tag nach einer Integritätsverletzung nicht mehr zornig auf die Eltern bzw. den Verletzenden. Aufgrund seines natürlichen Willens zur Kooperation und des Urvertrauens in seine Eltern scheint alles vergessen, doch „[es] hat noch ein wenig an Selbst[wert]gefühl verloren, [es] ist ein bisschen weniger [es] selbst und ein bisschen mehr so, wie sie [es] haben wollen" (Juul 2006, 59).[2] Jede Integritätsverletzung ist gleichzeitig immer ein Stück weit eine Selbstaufgabe und Aufopferung. In Fortführung des Glaubens, dass die eigenen Eltern unfehlbar seien, tradiere sich die über die Kindheit gesammelte Erfahrung bei der späteren Erziehung eigener Kinder fort. Die beiden Formen der Kooperation sind Zeichen einer enormen Empathie und Sozialkompetenz. Juul sieht sie als „Geschenk" an die Eltern an. Entweder geben sich die Kinder selbst auf und unterdrücken ihre eigenen Bedürfnisse zugunsten ihrer Eltern, was enorme Folgen für ihre eigene Entwicklung hat (siehe obiges Zitat) oder sie kämpfen, ebenfalls zugunsten ihrer Eltern, für ihre Integrität und für eine zukünftige gleichwürdige und stabile Beziehung (vgl. Juul 2012f, 64). Wir seien eher dazu beschaffen zu kooperieren, als unsere Integrität zu schützen (vgl. Juul 2012f, 70). Dieses altruistische Verhaltensmuster gerät an seine Grenzen, wenn wir im Begriff sind, uns auf Dauer „überanzupassen", denn es bedeutet, sich selbst zu verleugnen und verletzbar zu machen.

Ein Weg aus diesem Dilemma sieht Juul darin,

„die Sprache der Kinder wahrzunehmen und sie ernst zu nehmen, auch wenn das bedeutet, dass man als Erwachsener eine Praxis ändern muss, die man beim eigenen Aufwachsen oder während seiner

---

[2] Der Begriff „Selbstgefühl" leitet sich ab aus einer uneinheitlichen Übersetzung. An mancher Stelle liest man stattdessen den bei uns gebräuchlicheren Begriff „Selbstwertgefühl", der dasselbe ausdrücken soll und synonym zu gebrauchen ist. Ich spreche darum im Folgenden von „Selbstwertgefühl".

Ausbildung als richtig kennengelernt hat, und auch wenn alle anderen am Ort das Gleiche tun" (Juul 2006, 60).

Auch hier tritt das Phänomen zutage, das ich bereits in 2.2.1 ansprach: Viele Eltern verfügen nicht über die notwendige Erfahrung mit gleichwürdigen intersubjektiven Beziehungen. Sie wurden von ihren Eltern und Lehrern als Objekt behandelt und sind als integer handelnde Subjekte gleichsam überfordert. Somit ist die Berücksichtigung von Gleichwürdigkeit und Integrität eine große Herausforderung für die Eltern. Juul vertritt die Auffassung, dass es die zentrale Aufgabe der Eltern und das natürliche Bedürfnis des Kindes ist, Erwachsene zu haben, die ihm nicht zeigen, wie es sich am besten anpasst und gehorcht, sondern vor allem, wie es für sich sorgt (vgl. Juul 2006, 45), d. h. die Fähigkeit zu entwickeln, auf Grundlage der inneren Verantwortlichkeit selbstständige Entscheidungen zu treffen. Er fordert die Eltern auf, sensibel auf die Signale ihrer Kinder zu achten (siehe z. B. Juul 2006, 84, 189): Glasige Augen, Ausdruck von Schmerz, versteifter Körper, gesenkter Kopf – das alles bedeutet: „Du verletzt mich"! (Juul 2006, 58). Genau diese Signale gilt es zu erkennen und im Kontext der aktuellen Situation der Familie zu reflektieren.

Eltern sollten ihren Kindern bedingungslose Liebe entgegenbringen, dann machen diese nicht die Erfahrung, nur geliebt zu werden, wenn sie sich konform verhalten. Anstatt bei Problemen auf oberflächliche und einseitig wirkende pädagogische Methoden zurückzugreifen (vgl. Juul 2006, 69), sollten Eltern sich Gedanken machen, was ihr Kind braucht. Denn was es brauche, wisse das Kind selbst nicht genau. Hier benötigt es die elterliche Unterstützung / Führung, um sich selbst bzw. seine Gefühle einschätzen und kennen lernen zu können. Zu etwas „Lust haben" muss nicht dasselbe sein wie das, was man „braucht" (vgl. ebd.). Darum muss gemeinsam mit den Kindern herausgefunden werden, was hinter ihrem Gefühlschaos stecken könnte. Eltern können ihren Kindern dabei helfen, deren Empfindungen zunächst wahrzunehmen, d. h. ihnen gemeinsam nachzuspüren, und im Anschluss versuchen, diesen Empfindungen einen ihnen angemessenen sprachlichen Ausdruck zu verleihen. Dadurch lernen Kinder mit der Zeit ihre Gefühle einzuordnen. Bin ich gerade enttäuscht, traurig, wütend, unglücklich oder verärgert?

Um den adäquaten sprachlichen Ausdruck für das emotionale Ausdrucksvermögen zu entwickeln, empfiehlt Juul, Kinder intellektuell und philosophisch zur Introspektion anzuregen, um schließlich selbst Stellung beziehen zu können (vgl. Juul 2012f, 60). Die Geschichte von Pinocchio eigne sich dabei hervorragend als Material. Gemeinsam kann man herausfinden, ob und welches tieferliegende Bedürfnis dem aktuell geäußerten Wunsch oder Anliegen zugrunde liegt. Des Weiteren sind Erwachsene für Kinder wichtige Rückmelder. Es ist notwendig zuzulassen, dass Kinder in existenzielle Konflikte geraten.[3] Dies gehört zu einer gesunden Entwicklung dazu. Die dort gesammelten Erfahrungen prägen den Beziehungsaufbau bzw. den Umgang mit anderen Menschen. Feedback und Introspektion sind probate Mittel, diese Prägungen zu begleiten und ggf. zu verändern.

Gleichfalls kann man ebendies in Gebrauch der, von Berit Baa (norwegische Forscherin) bezeichneten, „erwachsenen Definitionsmacht" konterkarieren. Als Erwachsener seine Macht so auszunutzen, um zu definieren, was zu welcher Zeit richtig oder falsch bzw. wichtig oder unwichtig ist, verhindert innerhalb der Eltern-Kind-Beziehung, dass sich das Kind ernst genommen fühlt (vgl. Juul 2012f, 68). Infolgedessen findet es keinen Gefallen daran, in sich hineinzuhören, sein Verhalten zu reflektieren, also Introspektion zu betreiben, um schließlich in Kontakt mit seiner inneren Verantwortlichkeit zu kommen. Auch ist die Voraussetzung für eine gleichwürdige Beziehung nicht gegeben. Wenn es den Eltern sowohl am Überblick über die vielen verschiedenen Gefühle fehlt, sie diese selbst nicht einschätzen und versprachlichen können, dann haben die Kinder ein Problem. Dann erst werden sie „schwierig", frustriert, fatalistisch und passiv (vgl. ebd., 69). Es geht nicht um bedingungslose Lust- und Wunscherfüllung in Form von jeglichen Gütern materiellen Wohlstands, wohl aber um die Erfüllung von existenziellen Bedürfnissen und der Wahrung ihrer persönlichen Grenzen.

---

[3] Selbstverständlich mit entsprechender Begleitung und Schutz. Viele Eltern, die Juul als „Neo-Romantiker" (Juul 2013e, 45) bezeichnet, sind sehr bemüht, innerhalb der Familie alle Zeit harmonisch zusammenzuleben. Stress gibt es genug im Alltag. Die Familie soll als Ort der Entspannung und des Krafttankens angesehen werden. Hier haben alle immer Spaß miteinander und die „Kinder [stehen] rund um die Uhr im Zentrum der Aufmerksamkeit" (ebd.). Konflikte werden vermieden, um das Heil und die Atmosphäre der Familie nicht zu gefährden. Diese Eltern lassen nicht zu, dass ihre Kinder Konflikte haben. Sie sprechen ihren Kindern per se die Fähigkeit ab, selbst eine Lösung für ihr Problem finden zu können. Anstatt sie eigene Lösungen ausprobieren zu lassen und sie genau zu beobachten und erst dann einzugreifen, wenn es wirklich notwendig ist, bemühen sie sich, (ohne Einbeziehung der Kinder) Konflikte sofort aus der Welt zu schaffen. Auch die Erfahrung zu scheitern, die laut Juul nicht angenehm, aber lehrreich und existenziell bedeutsam ist, wird von ihnen ferngehalten. Die Kinder lernen dabei, dass es immer jemanden geben wird, der für sie die Verantwortung übernimmt. Dies ändert sich erst, wenn sie außerhalb des schützenden Rahmen der Familie interagieren und dabei auf andere Kinder treffen mit denen sie sich auseinandersetzen müssen, die jedoch möglicherweise ebenso von ihren Eltern vergöttert werden. Das ist eine zutiefst schockierende Erfahrung für sie (vgl. ebd.).

Die Integritätsfindung ist ein individueller Prozess, den jeder Mensch für sich allein leisten muss. Juul weist darauf hin, dass die Familie „in ihren Prozessen nie stabil [ist], obwohl die Rahmenbedingungen, Einstellungen und die Rituale es womöglich sind" (Juul 2012f, 67). Viel zu groß sind die Einflüsse, die auf die einzelnen Familienmitglieder von außen einströmen und das Beziehungsgefüge bzw. Familiensystem verändern können. Jeder Einzelne muss spontan reagieren können. Unsere Kontrollmöglichkeiten sind darum stark begrenzt. Als Kern des umfangreichen Konzepts der „Beziehungskompetenz" steht deshalb, die Qualität dessen zu maximieren, was wir aktiv beeinflussen können (vgl. ebd.). Insofern ist die Integritätsfindung

„[e]in Prozess, der von meditativen Pausen unterbrochen wird, in denen das Gefühl, seine Integrität ‚gefunden' zu haben, sich in kürzeren oder längeren Abständen mit dem Gefühl, sie wieder verloren zu haben, abwechselt, und der von dem Bedürfnis geleitet wird, die Integrität auszuweiten, zu nuancieren und neu zu definieren" (Juul 2012f, 52).

Folgerichtig ist Ungehorsam als ein erster Schritt anzusehen, mit seiner inneren Verantwortlichkeit in Kontakt zu kommen, um seine Integrität zu formen. Ungehorsam sollte als Schutzfunktion des Menschen vor zu viel Anpassung aufgefasst werden. Kinder und Erwachsene, die sich ungehorsam verhalten, kommen mit sich selbst in Kontakt, hören in sich hinein und möchten nach längerer Zeit der Anpassung wieder authentisch sein und intakt bleiben dürfen. Innerlich sind wir idealerweise darum bemüht, ein homöostatisches Verhältnis aufrechtzuerhalten, das zwischen dem Bedürfnis, für die eigenen Interessen zu sorgen, und dem Drang nach Zusammenarbeit innerhalb von Beziehungen pendelt. In einer neuen Kultur, die sich vom Gehorsam verabschiedet hat und die Verantwortung in den Mittelpunkt stellt, geht es nicht mehr nur darum, „*etwas* zu werden", sondern auch „*jemand* zu werden" (vgl. Juul 2012f, 78, meine Hervorhebungen, J.I.). Die neue Kultur hat sich aber noch nicht etabliert. Den aktuellen Entwicklungszustand beschreibt Juul deshalb als:

„[…] große[n] Fortschritt, aber ein Schritt, bei dem das eine Bein noch in der Luft hängt, während wir mit dem anderen nach einem sicheren Untergrund suchen, auf den wir den Fuß setzen können" (Juul 2012f, 78).

Der Introspektionsprozess bedarf einiger Erfahrung und kann daher innerhalb von Sekunden, Monaten bis hin zu Jahren ablaufen und sich als Krise manifestieren. Im Umgang mit Kindern erhält der Erwachsene idealerweise die Rolle des erfahrenen Begleiters, der die Selbstfindung unterstützt (vgl. Juul 2012f, 56).

In diesem Zusammenhang benutzt Juul gern zwei Metaphern, um das wichtige Verständnis der Beziehung des Erwachsenen zum Kind zu verdeutlichen: Sparringspartner und Leuchtturm symbolisieren nach Juuls Vorstellung am deutlichsten die Art und Weise erwachsener Führung.

Manche Eltern spielen ihren Kindern bis zum Teenageralter eine heile Welt vor. Das schockiert die Kinder vor allem dann, wenn sie erstmals mit Enttäuschungen umgehen müssen, es aber nie von ihren Eltern gelernt haben. Besser wäre es nach Juul, nicht die perfekten Eltern sein zu wollen. Das bräuchten die Kinder gar nicht. Sie sollten ihre Eltern dagegen, besonders ab der Pubertät, als Sparringspartner wissen, die ihre Werte immer wieder überprüfen und sich mit ihren Kindern weiterentwickeln (vgl. Juul 2013a, 7). Bei der aus dem Boxen stammenden Trainingsform Sparring, so lehrt die Wikipedia (letzter Zugriff: 12.05.2013),

„handelt [es] sich um ein Kämpfen ähnlich wie im Wettkampf, jedoch mit geänderten Regeln und Vereinbarungen, die Verletzungen weitgehend verhindern sollen. Die Absicht des Sparrings ist, die Fähigkeiten der Teilnehmer zu verbessern, während im Wettkampf ein Sieger ermittelt werden soll."

Diese Definition deckt sich mit der Juuls: Der Sparringspartner leistet maximalen Widerstand und richtet minimalen Schaden an (vgl. Juul 2012b, 145f.). Die Eltern vermitteln dann ein realistisches Bild vom Erwachsen-Werden und Erwachsen-Sein, d. h. sie trainieren ihre Kinder auf ein Leben außerhalb der Familie (vgl. ebd.). Durch ein Mehr an Eigenverantwortung wird das Kind (der Trainierende) schließlich resilienter.

Das Ziel ist es, gemeinsam zu wachsen und sich bei einem Interessenkonflikt in einem geschützten Rahmen über diesen Konflikt austauschen zu können. Die Lösung herbeizuführen, mit der alle zufrieden sind, kann aufgegeben werden. Vor allem der Prozess des Austausches ist das Gewinnbringende und auf Dauer Beziehungsfördernde. Die Lösung kann auch eine Entscheidung der Eltern sein, dass etwas jetzt soundso gemacht wird und den Wünschen des Kindes entgegenstehen. Auch das müssten Kinder dann lernen zu akzeptieren, meint Juul. Die Grundlage dafür, sich gleichwürdig zu begegnen, ebnet die Konversation im Dialog, dessen Grundbotschaft lauten könnte: „Du bist in Ordnung, so wie du bist!" (Juul 2013a, 7). Die Metapher des Leuchtturms geht in dieselbe Richtung, betont aber noch mehr die persönliche Autorität der Eltern und den Wert der Authentizität.

Dank der bereits angesprochenen großen emotionalen Flexibilität und Anpassungsfähigkeit sind Kinder meist nach Sekunden oder maximal zwei Wochen in der Lage, den Introspektionsprozess abgeschlossen und eine Entscheidung getroffen zu haben, wie sie sich künftig verhalten wollen und ob sie ihre Grenzen und Bedürfnisse von Neuem abstecken müssen. Im Erwachsenenalter sind solche Prozesse weniger alltäglich, treten aber in Abhängigkeit des Lebensstils und Umfeldes mit einiger Regelmäßigkeit auf. Je nachdem, in welchem Maße der Konflikt zwischen der eigenen Integrität und der von außen erwünschten bzw. erzwungenen Kooperation als existenziell wahrgenommen wird, kann seine Lösung relativ rasch erfolgen oder in Form einer Lebenskrise mehrere Monate oder Jahre andauern. Ungehorsam muss begriffen werden als Bindeglied zwischen dem persönlichen und sozialen Reifungsprozess (vgl. Juul 2012f, ebd.). Es ist daher von zentraler Wichtigkeit, nicht nur im Rahmen elterlicher Erziehung, sondern auch im Rahmen professioneller Pädagogik, dem Ungehorsam einen Platz zu bieten. Anstelle von Regeln und der Forderung nach Disziplin (einseitig), sollte Führung nicht zuerst festlegen, was akzeptabel oder inakzeptabel ist (Juul 2012f, 57). Vielmehr muss jedes einzelne Kind bedingungslose Anerkennung erfahren, insbesondere seiner individuellen Erfahrungen, Einschränkungen und Potenziale (vgl. ebd.). Durch Beschämung, Beschuldigung oder Bestrafung wird selbstzerstörerisches Verhalten begünstigt (vgl. ebd., 59). Anstelle der Schuldfrage, die höchstens kurzfristigen „Erfolg" verspreche, sei es langfristig besser, auf die Beziehung zu fokussieren. Das Kind lernt in einem wechselseitigen Prozess die Werte der Gemeinschaft kennen und ihre Bedeutung für sein Leben schätzen. Destruktiven und sozial vereinsamenden Tendenzen in Bezug auf die (familiäre) Gemeinschaft wird durch die Beachtung der Wechselseitigkeit, aber auch der Entwicklung und Förderung der inneren Verantwortlichkeit aller ihrer Mitglieder vorgebeugt und muss, will man Juuls Konzept in Erziehung und Pädagogik folgen, eine wesentlich größere Bedeutung zukommen als derzeit (vgl. Juul 2012f, 59). Zu einem menschlichen Selbstfindungsprozess gehört Ungehorsam unweigerlich dazu. In Bezug auf die Beziehung zum Kind sollten Eltern das Verhalten auch als Entwicklungschance begreifen und sich bestenfalls durch ihre „persönliche Autorität" vom Kind abgrenzen, z. B. durch „Nein-Sagen-Können" und Echtheit in der Artikulation eigener Gefühle (vgl. Juul 2012f, 76).

Ein weiterer maßgeblicher Baustein im Aufbau der persönlichen Integrität ist das Selbstwertgefühl, welches vorhin bereits kurz angesprochen wurde. Insbesondere die klare Unterscheidung zu Selbstvertrauen und Selbstbewusstsein sind im Konzept der Integrität nach Juul von Bedeutung. Dies sei darum im Folgenden verdeutlicht.

Ein hohes Selbstwertgefühl symbolisiert, dass ich über eine solide Verbindung mit meiner inneren Verantwortlichkeit verfüge, d. h. in einem Maße Introspektion beherrsche, konstruktives Feedback erhalte und Achtsamkeit praktiziere, die es mir erlaubt, integer zu handeln. Gleichsam wirkt sich ein niedriges Selbstwertgefühl darauf aus, dass ein starkes Ungleichgewicht zwischen innerer und äußerer Verantwortlichkeit entsteht und damit integres Handeln gehemmt wird.

Besonders in pädagogischen Institutionen ginge man fälschlicherweise oft davon aus, dass Kindern die Selbstdisziplin fehle, die Juul definiert als die „Fähigkeit, persönliche und sachliche Ziele zu formulieren und sie mit dazugehöriger Frustration und Freude zu verfolgen" (Juul 2012f, 77).

Die bisherigen Ausführungen zeigen jedoch eher das Gegenteil. Meist fehle vor allem Selbstwertgefühl. Entweder, weil die kindliche Integrität nicht genügend beachtet wird und darum in ihrer Entwicklung ausgebremst wird. Die Kinder lernen sich selbst nicht kennen, haben keine eigene Meinung oder Position entwickelt, keine eigenen Ziele formuliert, weil man es ihnen nicht beigebracht hat. Stattdessen flüchten sie sich in materielle Ziele, die oberflächlich und schnell erreichbar sind, also Erfolg garantieren. So werden Kinder mit Spielzeug von allen Seiten überflutet und können dennoch keine Verbindung zu ihrer inneren Verantwortlichkeit finden. Oder, und dies entsteht sogar als logische Folge des vorherigen, es mangelt den Kindern an elterlicher Führung, sodass sie lustorientiert sind und akzidentielle Wünsche mit existenziellen Bedürfnissen verwechseln (vgl. ebd.).

Optimal für die Entwicklung von Selbstwertgefühl wäre es, wenn Erwachsene sehr bewusst für die Integrität des Kindes sorgen würden und dessen eigene Versuche, über ungehorsames Verhalten sich abzugrenzen und zu definieren, respektieren würden (vgl. ebd., 78). Um Selbstwertgefühl entwickeln zu können, muss die Introspektion beherrscht werden. Sie ist das Initial. Erst wenn ich bewusst auf mich achte und mein Verhalten selbstkritisch Revue passieren lasse, kann ich auch lernen, mich zu schätzen und ein realistisches Bild meiner aktuellen Stärken und Schwächen zeichnen, das ich in der Lage bin, jederzeit zu übermalen, wenn ich mit meiner inneren Verantwortlichkeit in Kontakt komme. Zwischen Integrität, Selbstwertgefühl und innerer Verantwortlichkeit besteht ein proportionales Verhältnis.

Juul trennt das Selbstwertgefühl in zwei Dimensionen: quantitativ und qualitativ. Die erste setzt sich damit auseinander, wie viel wir über uns wissen bzw. wie gut wir uns kennen. Die zweite beschäftigt sich damit, wie wir uns gegenüber dem über uns gesammelten Wissen verhalten sollen bzw. was wir aus diesem Wissen machen. Um gute Beziehungen führen zu können, müssen wir ausdrücken können, wie es uns momentan geht, was wir fühlen und müssen wissen, was um uns geschieht und wie wir darauf reagieren wollen. Zusammengefasst muss unser Verhalten persönlich, sozial und authentisch sein, andernfalls können wir nur schwerlich ernst genommen werden und unsere Beziehungen zerstören sich von innen heraus (vgl. Juul 2012f, 80).

Durch eine „Kooperation richtig herum" distanzieren wir uns von unseren eigenen Gefühlen und übernehmen jene, die wir von anderen aufgezwungen bekommen, weil sie z. B. aus einer gesellschaftlichen Rolle der „fürsorglichen Mutter" heraus agieren. Wir fühlen uns schuldig, wobei unser Selbstwertgefühl ins Wanken gerät. Auf Dauer lernen wir eher den Gefühlen anderer als unseren eigenen zu vertrauen, was sich mit Freude des anderen über die Aufgabe unseres Widerstands und des Lobs für unser kooperatives Verhalten verstärkt („Weil meine Mutter besorgt ist, esse ich") (vgl. Juul 2012f, 81). Den spiegelverkehrt Kooperierenden ereilt dasselbe Schicksal der Distanz zum eigenen Fühlen, allerdings aus anderen Gründen. Er möchte für seine Integrität kämpfen, fühlt sich angesichts der Gefühle, die andere an ihn heranbringen, verwirrt und ängstlich. Bald wird aus dem Kampf um Integrität ein Kampf gegen das autoritäre Verhalten ihm gegenüber. Das Kind verdrängt seine Gefühle, weil es unsicher ist und er sich fortan nach den Gefühlen anderer als Maßstab seines Handelns richtet („Weil meine Mutter besorgt ist, esse ich nicht") (vgl. ebd.). Die in beiden Fällen geschaffene Distanz zu den eigenen Empfindungen stört den quantitativen Teil des Selbstwertgefühls. Ich weiß immer weniger von und über mich. Wie bereits oben beschrieben, sollten Eltern hier mehr Vertrauen und Wertschätzung entgegnen und ihre „erwachsene Definitionsmacht" aufgeben. Sie sind als Erwachsene in direkter Verantwortung, das Selbstwertgefühl ihrer Kinder zu fördern (vgl. Juul 2012f, 85).
Ein gesundes Selbstwertgefühl ist nicht gekennzeichnet von ständigem Geltungsdrang oder „Eigenlob", denn Lob sei wie Kritik nie frei von Bewertungen (vgl. Juul 2012f, 86). Darum fordert Juul die Wertungen durch Wertschätzung und Anerkennung zu ersetzen (ebd.). Anerkennung ist der Schlüssel zur Integrität und das Bindeglied zwischen innen und außen. Ihr Ausmaß hängt von unseren bisherigen Erfahrungen

innerhalb von Beziehungen mit für uns wichtigen Menschen ab. Es ist umso zwingender erforderlich Authentizität zu praktizieren, um nicht Gefahr zu laufen, von außen erzeugte negative Wertungen uns gegenüber als unsere eigenen Überzeugungen zu vertreten. Sind wir derartigen negativen Beziehungen über längere Zeit ausgesetzt gewesen, hat unser Selbstwertgefühl gelitten. Es wieder zu stärken, gelingt dann meist nur durch eine neue Person, die in unser Leben tritt und den inneren Anstoß dazu gibt. Mit ihm gemeinsam kann es dann gelingen, von außen kommendes Misstrauen genauer zu analysieren, weil wir uns plötzlich wieder als „gesehen" wahrnehmen und nicht abgewertet oder verraten fühlen.

Als Zeichen eines „gesund entwickelten" Selbstwertgefühls sieht Juul eine authentische Präsenz, natürliche / persönliche Autorität und einen nüchtern akzeptierenden Blick auf sich selbst an (vgl. ebd.). Ein geringes Selbstwertgefühl hemmt hingegen den Aufbau der eigenen Integrität und Kontakt zur inneren Verantwortlichkeit. Genauso, wie das Zusammensein oder die Zusammenarbeit mit anderen vor allem als Bürde erlebt wird, fällt es Menschen mit geringem Selbstwertgefühl schwer, persönliche und konstruktive Ziele zu formulieren (vgl. Juul 2012f, 87).

Das geringe Selbstwertgefühl zeigt sich in vielen Varianten, die Juul zwischen die beiden extremen Verhaltenskategorien introvertiert und extravertiert einordnet. In unserer Kultur ist introvertiertes Verhalten vor allem positiv konnotiert, z. B. mit: geheimnisvoll, schüchtern, unauffällig, pflegeleicht. Für dieses nach außen hin selbstverleugnende Verhalten erfahren diese Personen oftmals Lob, Fürsorge, Sympathie oder Unterstützung. Ist man hingegen extravertiert, was häufig mit Geltungssucht, Angeberei, Egozentrismus, Aggression, Lautstärke, Kritik, Uneinsichtigkeit, Wettbewerb, fehlendem Verantwortungsbewusstsein etc. in Verbindung gebracht wird, wird man schnell ausgegrenzt oder abgelehnt (vgl. Juul 2012f, 88). Menschen mit geringem Selbstwertgefühl sehen in extravertierten Menschen häufig Führer oder Vorbilder und lassen sich von ihnen demütigen.

Doch haben beide Typen ein Problem mit ihrem Selbstwertgefühl. Die Introvertierten erkennen es, glauben aber nicht an Veränderung. Die Extravertierten neigen dazu, Probleme nicht zu sehen und verweigern die Hilfe anderer, weil sie diese als überflüssig beurteilen. Die innere Wahrnehmung beider Typen ist gleich und wird von Juul sehr prägnant an folgender Metapher verdeutlicht: „[…]seine richtige ‚Größe' nicht finden zu können, weil man sein ganzes Leben lang in geborgten Kostümen herumgelaufen ist" (Juul 2012f, 88). Neige ich eher zu introvertiertem oder extravertiertem Verhalten, spiegelt das nicht nur meine Prägungen im bisherigen Kontakt zu anderen wider, sondern zeigt auch, dass ich innerlich unsicher bin, wie ich mit anderen Menschen umgehen soll, was sich nach außen hin innerhalb dieser beiden Varianten des Verhaltens in zwischenmenschlichen Beziehungen niederschlägt.

Zur besseren Unterscheidung veranschaulicht Juul das Selbstwertgefühl als inneren Maßstab der eigenen Überzeugungen. Hiermit entscheiden wir, wie wir auf Erwartungen, Forderungen oder Verlockungen unserer Umwelt reagieren und was wir ernsthaft wollen (vgl. Juul 2012f, 92). Auf dieser existenziellen Ebene hilft es in Bezug auf die Eltern-Kind-Beziehung nach Juuls Ansicht am besten, für die Integrität des Kindes zu sorgen und ihm zu helfen, selbst zu lernen. Dies erinnert sehr an zentrale Konzepte Maria Montessoris.

Das Selbstvertrauen repräsentiert wiederum ausschließlich die pädagogische Dimension, da es hauptsächlich innerhalb professioneller pädagogischer Beziehungen eine Rolle spielt. Selbstvertrauen rekurriert auf unsere geistigen, physischen und kreativen Fähigkeiten und Fertigkeiten, d. h. je besser wir eine Sache beherrschen, desto höher ist unser Selbstvertrauen auf diesem Gebiet. Je mehr Gebiete wir wiederum beherrschen, desto größer wird die Summe unseres Selbstvertrauens (vgl. Juul 2012f, 89). Es wird zu unserem äußeren Gerüst, auf das wir uns stützen können. Selbstvertrauen spielt sich auf einer grundlegend anderen Ebene ab als Selbstwertgefühl (vgl. Juul 2012f, 92). Erfahrungsgemäß bestünde zwischen beiden überhaupt nur eine schwache Korrelation, weshalb man sie miteinander nicht vergleichen könne (vgl. ebd.).

Selbstvertrauen wird über Lob und Kritik erzeugt, während Selbstwertgefühl über Wertschätzung und Anerkennung entwickelt wird. Oft ist das in pädagogischen Prozessen geäußerte Lob unangemessen, übertrieben, wird als plumper Verhaltensverstärker im Sinne einer Konditionierung gebraucht, relativ willkürlich verteilt und ist meist nicht persönlich und aufrichtig empfunden (vgl. Juul 2012f, 90). Es verliert dann zunehmend seinen Wert.

Der Unterschied zum Selbstwertgefühl ist im Alltag und im Sprachgebrauch nicht mehr deutlich genug. Aufgrund dieser Unschärfe hätten Erwachsene dafür gesorgt, dass ihre Kinder zwar ein starkes Selbstvertrauen in Form eines „aufgeblasenen Egos" besäßen, aber gleichzeitig nur ein gering entwickeltes Selbstwertgefühl, fast ohne innere Verantwortlichkeit (vgl. Juul 2012f, 90). Selbstvertrauen auszubilden, ist deshalb nicht banal oder zweitrangig. Das Selbstwertgefühl muss aber gleichzeitig mit gefordert werden. Diese Forderung ist allerdings schwierig, weil es auch noch keine psychologischen Parameter gibt, anhand derer man das Selbstwertniveau messen und beurteilen kann. Hier habe die Forschung laut Juul Nachholbedarf.

Als einen Ansatz innerhalb erzieherischer und pädagogischer Prozesse erachtet Juul, Gespräche zu führen, die das Kind formulieren lassen, was gerade der Grund für seine Schwierigkeiten ist. An dieser Stelle geht es um Beziehungsarbeit und nicht um Reparatur nach einem mechanistischen Menschenbild. Während sich pädagogische Prozesse bislang vor allem auf die Förderung von Selbstvertrauen ausrichten, gilt es, künftig dem Selbstwertgefühl mindestens genauso viel Platz einzuräumen (vgl. Juul 2012f, 96). So können die Aussagen, die das Kind über sich trifft, ihm auf eine Weise rückgemeldet werden, die ihm ermöglichen, sein Selbstwertgefühl zu entwickeln. Quantitativ heißt das, Informationen des Kindes so aufzubereiten, dass es Zugang zu seinen Gefühlen findet und sich ein entsprechendes Vokabular aneignet, mit dem es ihm persönlich möglich wird, seine Gefühle adäquat zu beschreiben bzw. auch nur über sich und seine Gefühle nachzudenken. Qualitativ heißt das, mit den angehäuften Informationen über sich angemessen umgehen zu lernen und konkrete Unterstützung anzubieten (nicht aufzuzwingen), um mit als negativ empfundenen Seiten seiner Persönlichkeit zurechtzukommen (vgl. Juul 2012f, 95). In beiden Fällen erfordert das von allen Beteiligten mehr Aufmerksamkeit und Empathie.

Zuletzt geht es um das, innerhalb pädagogischer Konzepte viel besprochene, Selbstbewusstsein. Dieses sieht Juul ausschließlich in der sozialen Dimension verankert. Er beschreibt es als ein kollektives soziales und kulturelles Phänomen, das den Zeitgeist jener Generation verkörpert, der man angehört. In der Tat kann man beobachten, dass Kinder und Jugendliche innerhalb der letzten zwei Jahrzehnte vermehrt eine eigene gesellschaftliche Relevanz erhalten haben: kulturell durch kinderfreundliche Umgebungen, familienfreundliche Betriebe etc.; politisch durch besondere Rechte zum Schutz von Kindern und Jugendlichen, Förderinstrumente etc.; vor allem aber kommerziell über einen stetig expandierenden Markt für Spielzeug, Bücher, Erziehungsratgeber, Werbung, Freizeitmöglichkeiten, etc. (vgl. Juul 2012f, 97f.). Kindheit hat eine neue Relevanz bekommen, die es historisch so noch nie gab. Das Selbstbewusstsein lässt sich allenfalls indirekt fördern und entwickelt sich nebenbei. Erwachsene können Kindern insofern helfen, ein eigenes kollektives

Selbstbewusstsein zu entwickeln, indem sie sie anhalten, kritisch zu denken und sie animieren, eigene existenzielle Bedürfnisse zu äußern bzw. einzufordern; indem sie ihnen zeigen, dass dies völlig legitim ist und sie es ohne Zweifel verdient haben (vgl. Juul 2012f, 99; 376-79.). Abschließend soll die Abb. 2 die zentralen Gedanken zusammenfassend veranschaulichen.

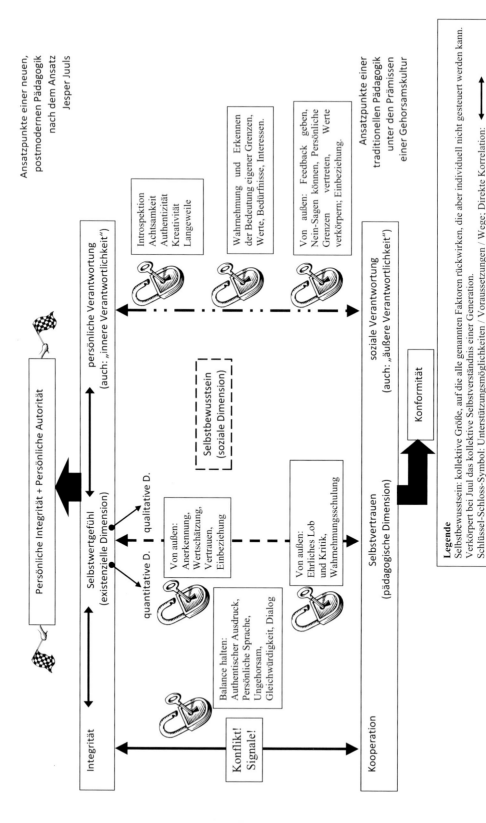

Abb. 2: Juuls Ansatz im Überblick, auf der Grundlage von Juul (2012f, 45–134, 364f.).

Da die Abschnitte Integrität und Gleichwürdigkeit grundlegend für das Verständnis von Juuls Konzept sind, habe ich sie ausführlich vorgestellt. Die folgenden beiden Werte Authentizität und Verantwortung können entsprechend kürzergefasst werden, weil sie mit den beiden ersten Werten bzw. Beziehungsqualitäten in enger Verbindung stehen und jeweils bereits mit angesprochen wurden. Ich werde mich, um Redundanz zu vermeiden, weitestgehend auf neue Fakten konzentrieren, die die Bedeutung der vier Werte komplettieren.

## 2.2.3 Authentizität

Authentizität wird beschrieben als „[…] die Fähigkeit, unverstellt und glaubwürdig zu sein", was „eine Voraussetzung für drei wesentliche Faktoren im Zusammenspiel der Familie" ist:

> „Für den unmittelbaren, warmherzigen Kontakt zwischen den Eltern und zwischen Eltern und Kindern. […] Für die Entwicklung persönlicher Autorität, die es ermöglicht, seinen Bedürfnissen, Grenzen und Wertevorstellungen Geltung zu verschaffen. […] Für die Bearbeitung und Lösung von Konflikten und Problemen innerhalb der Familie" (Juul 2012b, 68f.).

Der erste Faktor bezieht sich inhaltlich stark auf die Werte Gleichwürdigkeit und Integrität bzw. die dafür bereits genannten Voraussetzungen, wie z. B. den Dialog, weshalb ich auf diesen Faktor nicht noch einmal explizit eingehen möchte. Hingegen soll dem zweiten Faktor mit Bezug auf das Thema Grenzen und „persönliche Autorität" in diesem Abschnitt eine etwas ausführlichere Betrachtung folgen. In diesem Zusammenhang klingen auch Themen an, die bereits besprochen worden oder noch zu besprechen sind, z. B. Verantwortung, Selbstwertgefühl, innere Verantwortlichkeit, auf die deshalb hier nicht (mehr) umfassend eingegangen werden soll. Ebenfalls wird die Bedeutung von Authentizität für den dritten Faktor verdeutlicht.

Eingangs möchte ich also genauer darlegen, welche Bedeutung dem Thema Grenzen in Zusammenhang mit dem Wert Authentizität bei Juul zukommt.
Unterschieden wird zunächst in „generelle" und „persönliche" Grenzen, die sich jeweils im Zusammenleben von Eltern und Kindern entwickeln und verändern. Würden innerhalb der ersten Lebensjahre der Kinder beinahe täglich neue Grenzen formuliert, könne man davon ausgehen, dass ab einem Alter von sieben Jahren eine Pause eintrete, bis mit Eintritt in die Pubertät ab zwölf Jahren die Grenzen regelmäßig

neu angepasst werden müssten (vgl. Juul 2013d, 23). Dies würde bedeuten, dass sich die Grenzen an den Beziehungen im Familiensystem entwickeln, nämlich „während wir unsere Kinder kennen- und uns selbst [als Menschen und Eltern, Anm. J.I.] besser verstehen lernen" (ebd.). Juul sieht die Beziehungsgestaltung und aktive Auseinandersetzung mit dem Partner, den Kindern, deren Lebensgefährten und Kindern und mit unseren eigenen Eltern als *den* lebenslangen Lernprozess an, der unser Handeln am stärksten beeinflusst und prägt, weshalb „[d]ie eigenen Grenzen zu kennen und benennen zu können […] keine notwendige Voraussetzung von Elternschaft [ist]" (ebd.).

Generelle Grenzen sind alle allgemeinen Regeln, Pflichten, Normen, Gebote und Verbote, die man dort, wo man sich gerade aufhält, beachten muss bzw. innerhalb derer Korridore man sich legitimiert bewegen darf. Sie sind kulturrelativ bzw. kulturspezifisch, wobei sich Kultur in postmodernen Verhältnissen nicht mehr nur national definiert, sondern vor allem innerhalb spezifischer Lebenswelten bzw. Milieus (siehe Kommunitarismus-Liberalismus-Debatte) und darüber hinaus natürlich innerhalb der einzelnen Familien in verschiedener Akzentuierung. Selbstverständlich gibt es in unserem Land nach wie vor Recht und Gesetz, die den äußeren Rahmen unseres Zusammenlebens bilden. Es gibt Traditionen und Brauchtum, ein geschichtliches Bewusstsein etc. Aber es gibt darüber hinaus keine festen und allgemeinverbindlichen Werte mehr, die jeder Bürger zu seiner Lebensgrundlage bzw. seinem Maßstab macht.

Diese Werte sind entweder gar nicht mehr oder nur unbewusst vorhanden, aber in jedem Fall höchst individuell. Es gibt weniger gesellschaftliche Tabus als noch vor 50 Jahren, auch bedingt durch die Emanzipation und den Protesten der 68er sowie den technischen und wissenschaftlichen Fortschritt. Infolgedessen ergeben sich zwischen gestern und heute vergleichsweise vollkommen andere Verbindlichkeiten und Lebenswirklichkeiten. Diesen Bedingungen müssen auch die Familie und die Partnerschaft Rechnung tragen.

Die Weichen sind bereits so gestellt, dass der Gehorsam oder die Konformität seiner / ihrer Sinnhaftigkeit beraubt wird. Jeder möchte sein Leben möglichst selbstbestimmt und eigenverantwortlich leben dürfen. Dazu bedarf es einer Umgewöhnungsphase, in welcher der Einzelne lernt, sich vermehrt auf sich und das zu besinnen, was er braucht, d. h. welche persönlichen Grenzen er einfordern will, um ein zufriedenstellendes Leben führen zu können. In dieser, so habe ich an anderer Stelle bereits erwähnt, befinden wir uns laut Juul (vgl. Juul 2013d, 31) aktuell schon. Die neue Haltung fordert den Einzelnen persönlich sehr heraus. Er muss lieb gewonnene Denkmuster aufgeben, um dem Neuen, sofern er es (erkennen) will, eine Chance in seinem Leben zu geben. Schon in zehn Jahren könnte es m. E. dazu kommen, dass generellen Grenzen, außerhalb des notwendigen „Minimums" (Rechtesystem), keinerlei Beachtung geschenkt wird, während persönliche Grenzen in der Lebenspraxis der einzelnen Menschen eine weitaus größere Relevanz erhalten. Allerdings ist dies pure Spekulation. Der Ausgang innerhalb der jetzigen Umbruchphase ist ungewiss (siehe S. 31). Wir haben erkannt, dass die alten Denkmodelle, die auf ein konformes Leben abzielen, uns nicht guttun. Ob wir aber wirklich die Kraft aufbringen, den neuen Weg zu gehen, den Juul und andere eingangs Genannte hier einläuten, bleibt am Ende eine individuelle Entscheidung. Denn es ist gerade dies das Ziel: einen Wertepluralismus zu schaffen, zu leben und auszuhalten.

Im Zusammenleben innerhalb der Familie ist es wünschenswert, wenn generelle Regeln und Grenzen nur sehr bewusst und reduziert eingesetzt und diese dann mit der Zeit modifiziert werden (vgl. Juul 2013d, 27). Statt eines Regelkatalogs und künstlicher, rigider erzieherischer Methoden, sollte das Zusammenleben auf Basis eines wechselseitigen Vertrauensverhältnisses passieren, welches Anerkennung und Respekt für die persönlichen Grenzen des Einzelnen impliziert. Die Botschaft Juuls ist, dass es keine per se richtigen oder notwendigen Grenzen gibt, die Eltern ihren Kindern setzen müssten, mit Ausnahme solcher Verhaltensregeln, wie bei Rot an der Ampel zu warten und sie andernfalls zurückzuhalten (vgl. ebd.). Er empfiehlt Eltern des Weiteren, die pädagogischen Theorien und Methoden, die in Institutionen professioneller Pädagogik eingesetzt werden, nicht auf die familiäre Erziehung zu übertragen. Statt all zu rational die Verhaltensweisen der einzelnen Familienmitglieder analysieren, fördern und steuern zu wollen, solle man vielmehr „vom Herz her" (Juul 2013d, 35) handeln, d. h. intuitiv oder „aus sich selbst heraus" (ebd.) mit der Bereitschaft zum Dialog und zur Reflexion seines Handelns. Dies sorgt schließlich auch dafür, dass der persönliche Kontakt zwischen Eltern und Kindern erhalten bleibt und sich intensivieren kann. Persönliche Grenzen kennzeichnet neben ihrer Individualität aufgrund unterschiedlicher Persönlichkeiten, Temperamente, sozialer Hintergründe, Wertevorstellungen, Stimmungen etc. (vgl. Juul 2013d, 28), ebenso eine „persönliche Sprache" (ebd., 29).

Diese ist frei von Manipulation. Sie ist direkt, macht die Position des anderen klar, verletzt aber nicht, sondern ist stets warmherzig. Sie ermöglicht den gleichwürdigen Kontakt und ist die Einladung zu einem Dialog. Ziel ist es, meine Position zu verdeutlichen und die des anderen zu verstehen. Das erzeugt zunächst Sicherheit beim anderen, denn er weiß nun, wo ich stehe, kennt meine Bedürfnisse und kann sie für sein Handeln berücksichtigen. Vielleicht fühlt er sich angeregt, seine Position zu überdenken. Genauso fühlt sich der andere wahrgenommen, d. h. gehört, gesehen und ernst genommen. In jedem Fall habe ich mein Empfinden klar zum Ausdruck gebracht und das ist der Kern der Authentizität: Ich verschanze mich nicht hinter künstlichen Rollen, die mit mir selbst nur begrenzt zu tun haben. Diese Verhaltensweisen, die ich aufgrund meiner Biografie eher unbewusst und unreflektiert von meinen eigenen Eltern oder anderen für mich wichtigen Personen übernommen habe, habe ich als Automatismen identifiziert. Es sind Aussagen, die möglicherweise im Gegensatz zu meinem üblichen Verhalten und aktuellen Empfinden stehen, und dann im aktuellen Kontext unpassend und künstlich wirken. Wenn ich jedoch „persönlich spreche", stehe ich idealerweise in Kontakt mit meiner inneren Verantwortlichkeit, benutze meine eigene Sprache, d. h. meine echten Gefühle und meine Integrität.

Aus Juuls Perspektive sollten Erwachsene Kindern nicht unterstellen, sie würden Grenzen austesten wollen, also bewusst manipulieren. Vielmehr signalisierten Kinder mit einer regelmäßigen Grenzüberschreitung eine wechselseitig unsichere Beziehung (vgl. Juul 2013d, 29). Viele Eltern hätten Schwierigkeiten, sich persönlich auszudrücken. Daraus entsteht ein negativer Lerneffekt: Was meine Eltern sagen, ist nicht dasselbe, was sie meinen. Kinder wissen an dieser Stelle nicht, wie sie sich verhalten sollen, und kooperieren dann direkt oder spiegelverkehrt. „Kinder suchen keine Grenzen, sie wollen Kontakt" (Juul 2013d, 30). Aus dieser Differenz, in dem was wir sagen und meinen oder ausdrücken und insgeheim fühlen und denken – aus diesem Unterschied heraus werden wir unecht und verlieren sowohl den Kontakt zu unserem Selbst als auch den Kontakt zu anderen. Die anderen fühlen sich einsam, nicht weil womöglich die Liebe und die Rücksicht fehlen, sondern weil ich nicht in der Lage zu persönlicher Sprache bin (vgl. ebd.).

Neben dem Ausdruck dessen, was wir meinen, ist ein weiterer Bestandteil persönlicher Sprache, dass ich von mir selbst spreche, anstelle eines unpersönlichen „Man" oder einer dauernden Rede über den anderen („Du musst...", „Du sollst..." etc.). Diese anfangs eventuell ungewohnte Art der Sprache empfiehlt Juul, gemeinsam mit den

Kindern auszuprobieren, Rückschläge zu verkraften und sich mit anderen Erwachsenen über die Erfahrungen auszutauschen. Schließlich, finde man auf diesem Weg zu sich selbst und seinen echten Empfindungen, und kann mit der Zeit oktroyierte Verhaltensmuster lernen auszublenden. Die Gefahr der Manipulation anderer kann man auch umgehen, wenn man bewusst darauf achtet, seine Perspektive ohne Appelle, verdeckte Vorbehalte und Selbstkritik und den Kindern gegenüber ohne Kritik und Herablassung zu äußern (vgl. Juul 2013d, 31). Das eigene Handeln wird für andere dann umso nachvollziehbarer. Kinder können von authentisch kommunizierenden bzw. interagierenden Eltern lernen, wie man sich als Erwachsener und als Mutter oder Vater verhält. Sie erhalten gute Rollenmodelle, selbst (oder besonders dann), wenn die Eltern ab und zu Fehler machen und scheitern. Dann steht es in ihrer elterlichen Verantwortung, ihr eigenes Scheitern zu analysieren und in einer späteren Erklärung (keine Rechtfertigung) prägnant und konkret zu bleiben. Auch das gehört zu einem Rollenmodell. Die Berufung auf allgemeine Prinzipien ist jedoch unpraktisch, wenig nachvollziehbar und unkonkret. Kinder lernten auf diese Weise, dass es gestattet und hilfreich sei, seiner „inneren Stimme" zu vertrauen, besonders in angespannten Situationen und wenn man andere mit rationalen Begründungen nicht ohne Weiteres von der eigenen Position überzeugen könne (vgl. Juul 2013d, 32).

Seine persönlichen Grenzen zu bestimmen, kann auch dadurch gelingen, sich in konfliktreichen Situationen (Ärger, Wut, Streit) mit dem Kind zu beobachten und anschließend sowohl „Erbgut" als auch „Strandgut" innerhalb der eigenen Haltung herauszusieben. Mit „Erbgut" meint Juul unsere sozialen Erfahrungen, als wir Kinder waren, besonders Traumata oder „blaue Flecken", die noch heute unsere Beziehungsgestaltung beeinflussen oder stabile negative Beliefs erzeugen. Das „Strandgut" sind die von Dritten erworbenen Erfahrungen oder durch sie inspirierten Überzeugungen (Zeitungsartikel, Lehrer, Freunde, der Partner, Geschwister etc.). Beides prägt uns und macht uns zu dem, was wir sind. Sie sind daher weder positiv noch negativ zu bewerten. Wir sollten sie uns und das Ausmaß, mit dem sie unser Handeln und unsere Haltung bestimmen, vergegenwärtigen. Dann können sie uns stärken, weil wir wissen, wer wir sind, und die Möglichkeit haben, uns zu verändern. Erb- und Strandgut können wir filtern, wenn wir darauf achten, wann wir den „automatischen Elternanrufbeantworter" (Juul 2013d, 34) einschalten.

„Für beide Seiten, Eltern wie Kinder, ist es besser, wenn die Eltern versuchen, sie selbst zu sein und zu sich zu stehen, statt ‚richtig' zu sein. Authentische Eltern sind besser als theoretische Eltern. Eltern, die Fehler machen und die Verantwortung für ihre Irrtümer auf sich nehmen, sind besser als solche, die perfekt zu sein versuchen. Perfektionistischen Eltern gegenüber fühlen Kinder sich immer missraten, und wer sich als Kind missraten fühlt, missrät oft auch in Wirklichkeit" (Juul 2013d, 36).

Fehlende Authentizität der Eltern kann aufseiten der Kinder ausschlaggebend für selbsterfüllende Prophezeiungen sein. Werden dagegen auf beiden Seiten Fehler als immanenter Bestandteil einer familiären Entwicklungs- oder Lernkultur begriffen, gehen sie also nicht auf Kosten eines imaginären „Schuld-Kontos", so kann die Entstehung negativer Beliefs verhütet werden. Juul beschreibt Perfektionismus in seinen unterschiedlichen Ausprägungen als „eine der schädlichsten selbstdestruktiven Phänomene, die wir kennen", denn sie „[...] zerstören letztendlich das Wohlergehen des Perfektionisten sowie die Beziehungen zu anderen" (Juul 2012b, 73). Die Kinder entwickeln aus Verzweiflung über das Gebaren ihrer Eltern eine der Formen kooperativen Verhaltens (direkt; spiegelverkehrt) und bis zum Eintritt in das Erwachsenenalter ein niedriges Selbstwertgefühl (vgl. ebd.). Sie erfüllen eine bestimmte Funktion im Leben ihrer Eltern, werden damit zum Objekt degradiert, eine gleichwürdige intersubjektive Beziehung und die daraus entstehenden Effekte kommen nicht zustande. Was in anderen Bereichen als Pareto-Prinzip beschrieben wird, drückt der von Juul zitierte Bruno Bettelheim mit dem Satz aus: „Eltern müssen nicht perfekt sein, sondern nur ‚gut genug'" (Juul 2012b, 74).

Die Verschiedenartigkeit der Eltern könne dafür genutzt werden, auftauchende Probleme in annehmbare Herausforderungen umzudenken. Während für Probleme feste Lösungen entwickelt werden müssen, bedeutet das Umdeuten von Problemen in Herausforderungen einen dynamischen Lernprozess einzugehen bzw. Entwicklungsprozesse zu erkennen. Dies verschafft eine größere Offenheit und Flexibilität, fordert und fördert aber auch Empathie. Seinen Standpunkt gilt es neben den des anderen zu stellen und beide zu ergründen: „Warum denke ich, wie ich denke? Was veranlasst dich, zu denken, wie du denkst? Was sind unsere Erfahrungen?" (Juul 2013d, 37f.). Juul vertritt die Auffassung, dass keines der beiden Elternteile von vornherein Recht hat. Beide Elternteile zusammengenommen erfüllten zunächst nur die Hälfte dessen an Voraussetzungen, was benötigt werde, um ein gelingendes Familienleben zu leben. Die andere Hälfte entstünde erst durch gemeinsame Entwicklung. Somit gilt es, gelassen zu bleiben, Machtkämpfe zu vermeiden und anstelle der „richtigen" Familie, besser „*unsere* Familie" (Juul 2013d, 38; seine

Hervorhebung) zu schaffen (vgl. ebd.). Generelle Grenzen müssen von den Elternteilen so formuliert werden, dass sie diese sowohl mit sich selbst vereinbaren können als auch mit dem Partner übereinstimmen.

Die persönlichen Grenzen sind und bleiben schließlich bei jedem Menschen, also bei jedem Elternteil, unterschiedlich. Bei auftauchenden Problemen gilt es gleichermaßen zu gewichten, was für das Kind und für den Erwachsenen gut ist, sodass die Integrität aller weitestgehend gewahrt bleiben kann:

„Was willst du, wie soll es sein? […] Wie kannst du es erreichen, ohne das Kind zu verletzen? […] Kann man das, was du erreichen willst, von einem Kind in diesem Alter vernünftigerweise überhaupt erwarten?" (Juul 2013d, 43).

Aus dieser Herangehensweise entsteht schließlich, was Juul (vgl. 2012f, 132) als „persönliche Autorität" bezeichnet.

Sie steht für die Aufgabe einer nur rollenbedingten Autorität, zugunsten der Erkenntnis eigener Stärken und Schwächen, Transparenz und Menschlichkeit.[4] Wenn der Weg dahin, sich selbst ernst zu nehmen, beschwerlich ist, gibt es mehrere Möglichkeiten, ihn sich zu erleichtern (vgl. Juul 2012b, 75f.):

1) Ehrlichkeit sich selbst gegenüber und Fehlertoleranz. Ich werde meine Fehler erkennen und aus ihnen lernen, zugunsten einer authentischen Beziehung mit meinen Nächsten, die auf beiden Seiten frei von Schuldgefühlen ist. Das ist die eigentliche elterliche Verantwortung.
2) Man kann sich selbst auf Tonband oder Video aufnehmen und untersuchen, inwieweit man authentisch wirkt und wie viel vom eigenen Verhalten „gespielt" wirkt.
3) Anstelle der neoromantischen Verklärung von Familie und Kindern sollte man sich weiterhin um sich, seinen Partner und die gemeinsame Partnerschaft kümmern. Auch das gibt Kindern Stabilität und authentische Rollenmodelle und man gerät nicht in die Gefahr, sich für das Heil der Familie aufzuopfern oder zwingt die Kinder, sich zeitlebens dankbar und reumütig für das Opfer ihrer Eltern zu zeigen. Wenn man „echt" ist, verkörpert man seinen Kindern gegenüber: „Es ist bei uns in Ordnung, so zu sein, wie man ist" (Juul 2013a, 84).

Ganz klar betont Juul die Wichtigkeit des Wohlergehens der Kinder, aber es ist vollkommen legitim und geradezu wünschenswert, wenn diese nicht zum Dreh- und Angelpunkt oder zum einzigen Sinn im Leben der Eltern werden. Wir können unseren

---

[4] Im Umgang mit Kindern geht es trotzdem um kindgerechte Information bzw. Altersangemessenheit, Verständlichkeit und Nachvollziehbarkeit. Eltern sollten ihren Kindern gegenüber, z. B. in partnerschaftlichen oder sexuellen Belangen nicht zu offenherzig sein. Möglicherweise fehlen ihnen Zusammenhänge, um alles richtig zu verstehen, mit Sicherheit sind sie für diese intimen Belange nicht der richtige Adressat. Wir sollten als Eltern sehr darauf bedacht sein, unsere Kinder nicht zu parentifizieren, d. h. zum Partnerersatz zu machen. Damit überfordern wir sie und geben unsere doppelte Verantwortung, nämlich für uns selbst und für die Bedürfnisse unseres Kindes zu sorgen, an das Kind ab. Ich kann kindgerecht kommunizieren, ohne in eine künstliche Rolle zu schlüpfen (vgl. Juul 2013a, 115).

Kindern „Tag für Tag ein aufrichtiges Interesse entgegenbringen, sie darin unterstützen, sich authentisch auszudrücken, [...] nicht zuletzt, indem wir ihnen selbst so authentisch wie möglich gegenübertreten" (Juul 2012b, 81), d. h. auch, dass wir unterschiedliche Wahrnehmungen der Wirklichkeit respektieren, während wir uns selbst treu bleiben, um schließlich besagte Sparringspartner oder Leuchttürme für unsere Kinder zu sein (vgl. Juul 2013a, 84). Der Weg zur persönlichen Autorität ist frei, wenn wir gelernt haben, uns jedes Mal ernst zu nehmen, wenn unsere Kinder oder unser Partner uns nicht ernst nehmen (vgl. Juul 2013a, 100). Dabei geht es gar nicht um Strenge, Verteidigung, Macht oder Durchsetzungsvermögen. Ziel ist eine innere Haltung, die deckungsgleich mit der eigenen Ausstrahlung ist und zeigt, dass ich mir sicher bin, was ich will und was nicht. Außerdem, dass es völlig in Ordnung ist, etwas zu wollen. Denn dies ist gut und notwendig für mich (vgl. ebd.). Mit dieser Haltung stärke ich mein Selbstwertgefühl und baue das Rollenmodell von mir als Vater / Mutter, das ich meinen Kindern so authentisch wie möglich vermitteln will, weiter aus. Insbesondere kann ich ihnen vermitteln, wie wir als Eltern Konflikte oder Krisen meistern.

Damit sind die wesentlichen Punkte in Bezug auf die einleitend genannten drei Faktoren und ihrer Verknüpfung zur Authentizität verdeutlicht. Dieses Unterkapitel soll sodann durch die Betrachtung des Themas Umgang mit Langeweile abgeschlossen werden.

Eltern fühlten sich vielfach verpflichtet, ihren Kindern ein Freizeit- und Unterhaltungsprogramm zu bieten, damit diese sich „bloß nicht langweilen". Juul führt diesen Umstand auf die professionelle Pädagogik innerhalb von Institutionen wie der Schule oder den Kindergarten zurück. Hier werden den Kindern im Idealfall Angebote gemacht, aus denen sie auswählen können. Ihr Tagesablauf ist sehr stark strukturiert. Kommen allerdings die Ferien, ist es vermeintlich an den Eltern, diese Struktur aufrechtzuerhalten. Die Kinder erwarten in der Manier eines Konsumenten von ihren Eltern Angebote zu erhalten, sodass sich die Eltern gezwungen sehen, mit den Konzepten der pädagogischen Institutionen Schritt zu halten. Es gibt selbstverständlich auch Eltern, die diesen Zwang nicht spüren und die in den Ferien oder der Freizeit von sich aus Ausflüge anbieten, um das Zusammensein in der Familie zu verschönern (vgl. Juul 2013a, 101f.). Juul spricht aber konkret jene Eltern an, die sich unter Druck gesetzt fühlen, ihre Kinder zu „bespaßen" und die sich schlecht fühlen, wenn sie den Forderungen ihrer Kinder nicht nachkommen können, weil sie keine Kraft dafür haben. Es ist dann verführerisch, den materiellen Wünschen der Kinder nach Spielekonsolen und anderen Medien, von denen sie sich berieseln lassen können, nachzukommen. Es ist auch leicht, sich von Seiten professioneller Pädagogen ein schlechtes Gewissen einreden zu lassen oder sich (dann) für die Umsetzung des institutionellen Konzept, auch innerhalb der Familie, einspannen lassen. Auch hier muss dringend umgedacht werden.

Den Kontakt zu den Eltern und gemeinsame Unternehmungen kann nichts ersetzen – mit Ausnahme der (gemeinsamen) Langeweile. Sich zu langweilen, bedeutet für die Kinder unter oben skizzierten Umständen zunächst etwas Negatives: innere Unruhe, Ungewissheit, Sich-Aushalten-Müssen, Leere. Viele Eltern sehen sich an dieser Stelle in der Pflicht, sich etwas einfallen zu lassen, um sie zu beschäftigen. Auf diese Weise werden sie abhängig von ihren Eltern oder Betreuungspersonen. Sie geben sich meist auch nicht mit dem ersten Vorschlag ihrer Eltern zufrieden, sodass diese ins Trudeln kommen, sich immer neue Dinge zu überlegen, um ihren Nachwuchs bei Laune zu halten, so wie sie es teilweise durch die Betreuung und Förderung in pädagogischen Institutionen gewöhnt sind. Die Alternative besteht darin, dass beide Seiten abwarten und sich zwingen, diesen Zustand der Leere auszuhalten. Erfahrungsgemäß dauere es häufig nicht länger als eine Viertelstunde und die Kinder entwickelten eigene Ideen, wie sie sich am besten beschäftigen könnten und vertiefen sich dann auch darin (vgl. Juul 2013a, 103).

Nicht nur Kinder sind von diesem beängstigenden oder quälenden Gefühl der Langeweile betroffen, auch Jugendliche und Erwachsene entwickeln ob diesem Gefühl neue Handlungsstrategien. Im Rahmen der SINUS-Jugendstudie U18 (Calmbach et al. 2012, 51) wurden die Top-25-Freizeitaktivitäten von Jugendlichen im Alter von 14 - 17 Jahren erhoben. Davon sind allein 11 Tätigkeiten medienbasiert. Nach dem Fernseher auf Platz 1, treffen sich Jugendliche auf Platz 2 gern mit ihren Freunden. Erst auf den Rängen 9 und 10 und danach nur vereinzelt, nennen die Jugendlichen Freizeitbeschäftigungen, die nicht primär ihrer Unterhaltung dienen, sondern sie auch körperlich fordern, z. B. schwimmen, Rad fahren, Sport treiben. Diese Angaben sollen die Brisanz der Aussagen Juuls unterstreichen. Erwachsene und Jugendliche suchen sich Ersatzbefriedigungen, z. B. „Shopping" als Freizeitbeschäftigung (vgl. Juul 2013a, 103) und verbinden damit ein kurzweiliges, oberflächliches Glücksgefühl oder ein Gefühl der Belohnung. Jedoch ist „Langeweile

[…] für den Einzelnen jedes Alters ein wichtiger Schlüssel, um zu einer besseren inneren Balance zu finden" (Juul 2013a, ebd.).

Wer geduldig wartet, bis sich die Phase der Ruhelosigkeit auflöst, entdeckt seine eigene Kreativität, die sich nicht in aufgezwungenen oder krampfhaften Beschäftigungsmaßnahmen ausdrückt. Seine Kreativität zu entdecken, bahnt einen weiteren Weg hin zur Authentizität und persönlichen Integrität. Es ist ein Weg entlang der eigenen Bedürfnisse, hin zu sich selbst und seinem persönlichen Ausdruck, verbunden mit Reflexion, Introspektion und meditativen Pausen, in denen wir zur Ruhe kommen können (vgl. Juul 2013a, 103f.). Das Kind lernt, aus sich heraus zu handeln, anstatt sich von anderen und oberflächlichen äußeren Reizen lenken zu lassen (vgl. ebd.). Werden Phasen der Langeweile zugelassen, sind sie nicht länger negativ konnotiert, so stärkt das Kind sein Selbstwertgefühl, erfährt Selbstwirksamkeit, kommt in Kontakt mit seiner inneren Verantwortlichkeit und stärkt seine Autonomie, was wiederum Effekte hinsichtlich einer größeren sozialen Kompetenz verspricht (vgl. Juul 2013a, 104). Den eben skizzierten Zusammenhang möchte ich im nächsten Unterkapitel noch etwas näher erläutern.

Abschließend sei gesagt, dass Kinder gemeinsam mit ihren Eltern erleben können, wie bereichernd Langeweile sein kann. Sie führt zu anderen und möglicherweise intensiveren Erlebnissen als Konsum oder Small-Talk. Letzteres ist natürlich ebenso gestattet. Es geht um die Verhältnismäßigkeit. Wenn ich mir erlaube, mir regelmäßig Zeit zu nehmen, um über mich nachzudenken, können tiefsinnige, quasi-philosophische Gespräche mit anderen entstehen, von denen ich persönlich mehr zehren kann als von kurzweilig befriedigenden konsum- oder medienbasierten Erlebnissen.

## 2.2.4 Verantwortung

Den Einblick in das Konzept Juuls abschließend, soll eine genauere Untersuchung der Bedeutung von Verantwortung erfolgen. Ich werde darstellen, inwiefern bei Juul Verantwortung mit Macht zusammenhängt; den Blick auf das variable Verhältnis von persönlicher und sozialer Verantwortung richten (siehe Abb. 2). Gleichfalls soll es um den Umfang elterlicher Verantwortung gehen, wobei ich das Thema Leuchtturm und Sparringspartner hier aussparen möchte, da es bereits besprochen wurde. Zum Ende wird dargestellt, wie sich Schuld und Verantwortung aufeinander beziehen.

In einem weiteren Schema (Abb. 3) soll zunächst veranschaulicht sein, was für eine Familie nach Juul wesentlich ist, damit eine Gemeinschaft entstehen kann. Das Fundament der Familie bilden die Gefühle, die Verpflichtung und der Wille. Diese drücken sich sowohl durch die gemeinsame Wohnung als auch durch die Werte aller Familienmitglieder aus, welche schließlich die Gemeinschaft tragen bzw. rahmen. Die Qualität von Gemeinschaft drückt sich dann durch das Vorhandensein oder die Abwesenheit der in Abb. 3 genannten Merkmale aus. Sie bilden quasi die Dachziegel des Hauses. Wobei die Qualität nicht dann hoch ist, wenn keine „Krisen" oder „Sorgen" vorhanden sind. Wenn es prinzipiell in der Familie so gehandhabt wird, dass Krisen oder Sorgen nicht auftauchen dürfen, weil sie die Harmonie gefährden, dann erst wird es der Gemeinschaft zunehmend schlechter gehen. Wenn der Dachziegel „Krise" nicht vorhanden sein darf, zerstört dies auf Dauer zunächst den mentalen Rahmen der Familie, besonders die Authentizität und schließlich das Fundament, besonders die Gefühle, die nicht geäußert werden dürfen. Die in der Abbildung genannten Merkmale der Gemeinschaft ließen sich noch erweitern. Die aufgeführten sind für Juul die prägnantesten Punkte, die eine Gemeinschaft prägen und sich entwickeln lassen, d. h. zu ihrer Funktion beitragen. Die Funktion der Gemeinschaft ist, wie in Abb. 1 verdeutlicht, immanenter Bestandteil der Familie und ihrer internen Beziehungen.

Mit „Gefühlen" sind vor allem die Verliebtheit zum Partner, die Liebe, die sich aus dieser idealerweise entwickelt und die „Schmelzwärme", die aus beidem entsteht, gemeint, verbunden mit Anerkennung und Wertschätzung. Konflikte gehören dazu, werden jedoch durch die gegenseitige Liebe in ihrer Heftigkeit abgemildert (vgl. Juul 2012b, 117f.). Sie sollten konstruktiv geführt werden, will sich die Familie entwickeln und ihre Beziehungen intensivieren. Die „Verpflichtung" steht synonym für die Mitverantwortung gegenüber dem Wohl und Wehe aller Familienmitglieder; für Fürsorge, Respekt und soziale Verantwortlichkeit (vgl. Juul 2012b, 118). Der „Wille" rekurriert auf die persönliche Verantwortung, bereit zu sein, eine Familie zu gründen und mit allen Konsequenzen zu tragen. Dieser Wille sollte nicht auf einer spontanen Lust beruhen. Weiterhin legt Juul den Fokus regelmäßig auf die Partnerschaft zwischen den Erwachsenen: Wer bin ich? Wer ist mein Partner? Wer bin ich in seiner Gegenwart? Möchte ich diese Beziehung fortführen? (vgl. Juul 2012b, 119).

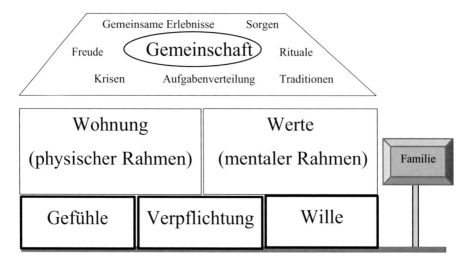

Abb. 3: Das Fundament einer Familie sind Gefühle, Verpflichtung und der Wille (nach Gedanken aus: Juul 2012b, 117 – 120).

Vieles von dem, was Familie grundlegend ausmacht, korrespondiert seit jeher mit Verantwortung. Dieser Umstand führte dazu, dass Verantwortung in Erziehung und Pädagogik zu einem an Bedeutung aufgeladenen Begriff entflammte, der, um die konnotierten Themen zu sondieren, von Juul in die Begrifflichkeiten „sozial" und „persönlich" untergliedert wurde (vgl. Juul 2006, 137). Erst vor einer Generation hätten wir den bisherigen Schwerpunkt auf der sozialen Verantwortung langsam aufgeweicht und sind uns des Zusammenhangs zwischen beiden Formen der Verantwortlichkeit bewusst geworden (vgl. ebd.). Das variable Verhältnis zwischen sozialer und persönlicher Verantwortung in Abb. 2 kommt zustande, weil sich beide aneinander entwickeln. Erst wenn ich in hohem Maße eigenverantwortlich denke und handle, bin ich auch in der Lage, in einem hohen Maße soziale Verantwortung zu übernehmen. Weshalb dies so ist, möchte ich durch die weiteren Ausführungen verdeutlichen.

Erinnert sei an die soziale, ökonomische und psychologische Macht der Eltern in Kapitel 2.2.1 und der Aufforderung, sich der Tragweite dieser Mächte bewusst zu werden. Sie sind Ausdruck der elterlichen Verantwortung, wobei es für die Entwicklung des Kindes, der Familie und der Partnerschaft der Eltern explizit darauf ankommt, wie diese Mächte von den Erwachsenen gelebt werden, d. h. in welchen

Bereichen die Eltern ihre Verantwortung wahrnehmen, ignorieren oder gar an die Kinder übertragen. Wenn es den Eltern ein Anliegen ist, dass sich ihr Kind zu einem eigenverantwortlichen und über ein solides Selbstwertgefühl verfügenden Menschen entwickelt, dann sollten sie ihm immer wieder die Chance geben, seine Bedürfnisse zu erkennen und mit diesen in Kontakt zu kommen. Möchten die Eltern, dass das Kind Mittagsschlaf hält, das Kind jedoch nicht, dann kann man sich auf einen Dialog einlassen (vgl. Juul 2006, 146ff.). Auf dieser gleichwürdigen Ebene kann man anerkennen, dass das Kind jetzt nicht einsieht, ins Bett gehen zu müssen, weil es kein Bedürfnis verspürt zu schlafen oder dieses Bedürfnis noch nicht sicher genug zu erkennen weiß. Indem ich es die Erfahrungen sammeln lasse, inwiefern es für es besser ist, sich mittags hinzulegen oder weiterzuspielen, ermögliche ich ihm, seine Eigenverantwortung zu stärken und sein Selbstwertgefühl zu steigern. Reagiere ich jedoch bestimmend oder belehrend auf die Äußerung des Kindes, jetzt nicht müde zu sein, und bemühe mich, gegen seinen Willen und seine Bedürfnisse ihn zum Schlafen zu überreden, dann kann man von Manipulation sprechen. Es ist legitim, wenn die Eltern darauf bestehen, dass sich das Kind jetzt hinlegt, aber dann müssen sie verdeutlichen, warum ihnen das jetzt wichtig ist. Zum Beispiel, weil die Eltern nach dem Mittagessen sich gern ausruhen möchten und nicht mit dem Kind spielen wollen. Damit machen sie ihrem Kind ihre Grenzen klar. Hingegen wäre es falsch, dem Kind einzureden, es sei jetzt aber doch müde, ohne dass es dies selbst erkennt. Damit verlässt es sich, nach anfänglichem Widerwillen, später nur noch auf die Eltern anstelle seines eigenen Empfindens. Es traut seinen eigenen Gefühlen und Bedürfnissen weniger als den Einreden von Seiten der Eltern. Tritt dieses Verhalten gehäuft auf, entsteht das, was bereits unter dem Stichwort „erlernte Hilflosigkeit" besprochen wurde. Genauso verhält es sich mit dem Hunger bzw. Sättigungsgefühl. Viele Eltern neigen z. B. aus Angst vor Fehlern, Unsicherheit oder ihrer eigenen Erziehung dazu, kindliches Verhalten zu problematisieren. Stellt es sich quer und verteidigt seine Integrität, beginnen die Eltern in alter Manier ihre Macht zu missbrauchen, weil sie die Verantwortung oder „Schuld" für die aktuelle Situation den Kindern übertragen und diese selbst nicht wahrnehmen.

Dieser Umstand ist auf die fehlende Erfahrung der Elterngeneration im Stärken der persönlichen Verantwortung zurückzuführen. Das Kind

„erhält [traditionell, Anm. J.I.] kein erwachsenes Rollenvorbild, wie man seine Bedürfnisse in einer Familie formuliert und verhandelt und für sich selber Verantwortung übernimmt, genausowenig [sic!] wie [es] seine persönliche Sprache entwickeln lernt" (Juul 2006, 149).

Kinder seien von Anfang an in der Lage, persönliche Verantwortung für ihre Sinne, Gefühle, Bedürfnisse zu übernehmen, später auch für ihre Freizeitinteressen, Bildung, Kleidung und Aussehen und Religion (vgl. Juul 2006, 150), wenn man dies als Eltern zulässt.

Aus der überschüssigen Energie, die die Eltern dafür gebrauchen, das Kind und sein Verhalten zu bewerten, beschuldigen oder problematisieren, entladen sich „destruktive Konflikte" (oder Machtkämpfe), denen sich das Kind, abhängig von seinem Naturell, entweder beugt oder gegen die es sich aktiv zur Wehr setzt (vgl. Juul 2006, 138; 151).

„Ein destruktiver Konflikt ist ein Konflikt, der sich in immer kürzeren Abständen wiederholt, stets um dasselbe Thema kreist und auf beiden Seiten zu wachsender Aggressivität führt. Wenn dies geschieht, bedeutet es in neun von zehn Fällen, dass es an der Zeit ist, die Eigenverantwortung der Kinder an ihre rechtmäßigen Besitzer zurückzugeben" (Juul 2012b, 155).

Andernfalls wird die Beziehung zu seinen Eltern distanzierter werden und es wird sich immer weniger zutrauen, seine Bedürfnisse auszudrücken, weil dies scheinbar nicht erwünscht oder falsch ist, und von ihm vor allem Kooperation erwartet wird. Wenn Kinder diese Signale senden, erklären sie, bereit zu sein, jetzt selbst die Verantwortung in einem bestimmten Punkt übernehmen zu wollen und zu können.

Eltern, die in ihrer Erziehung vor allem soziale Verantwortlichkeit betonen, werden sozial verantwortliche Kinder erhalten, nicht selten sogar „überverantwortliche" (Juul 2006, 137f.). Diese Kinder entwickeln dann eine innere Angespanntheit im Kontakt mit anderen Menschen, denen sie sich stets gelernt haben anzupassen, was sie irgendwann frustriert. Sie stellen dabei fest, dass sie sich nicht abgrenzen können und klarmachen können, wofür sie stehen und was sie (nicht) möchten. Ihnen fehlt persönliche Verantwortung. Das Erstaunliche ist, dass, wenn man das andere Extrem heranzieht, Kinder also daraufhin erzieht – oder besser: anregt –, die in ihnen angelegte persönliche Verantwortung zu entfalten, gelingt dies und „trotzdem" entwickeln sie parallel soziale Verantwortung (vgl. Juul 2006, 138), weil in ihnen auch ein angeborener Wille zur Kooperation vorhanden ist. So entsteht ein quasi homöostatisches Verhältnis zwischen persönlicher und sozialer Verantwortung. Das Kind begreift:

„*Die persönlichen Bedürfnisse anderer Menschen sind nichts, um mich zu belästigen, und ich bin nicht verkehrt, wenn meine Bedürfnisse anders sind, als die anderen sie sich vorstellen. Es ist deshalb in Ordnung, seine Bedürfnisse zum Ausdruck zu bringen, und es ist in Ordnung, ab und an nicht Recht zu haben*" (Juul 2006, 148; seine Hervorhebung).

Insofern gehen alle Familienmitglieder miteinander einen gegenseitigen Lernprozess ein (vgl. ebd.).

Wir müssen bereit sein, einen Paradigmenwechsel zuzulassen, sowohl innerhalb der Erziehung als auch der professionellen Pädagogik und generell im Zusammenleben innerhalb der Gesellschaft, um die traditionelle, destruktiv wirkende Fehlerkultur hinter uns zu lassen, zu Gunsten einer neuen, konstruktiven Kultur des Lernens von- und miteinander und des Vertrauens zueinander. Juul stellt die zentralen Gegensätze dieser beiden Kulturen gegenüber:

| **FRÜHER:** | **JETZT:** |
|---|---|
| Rollenspiel | Authentizität |
| Autoritäre Lenkung | Persönliche Autorität |
| Kontrolle / Korrektur / Belehrung | Interesse / Empathie / Fürsorge |
| Belehrung / Strafe / Disziplinierung | Dialog / Austausch / Gespräch |
| Kritik / Lob / Wertung | Anerkennung / Reflexion |
| Machtausübung | Einbeziehung |
| Fokus auf das Verhalten des Kindes | Fokus auf die Beziehung |

Abb. 4: Wegweiser eines Paradigmenwechsels von alten zu neuen Werten, von wertender zu anerkennender Kommunikation (Juul 2012b, 137; Juul 2012f, 335).

Es ist nicht ratsam, wenn Eltern, die in ihrer Kindheit autoritär erzogen wurden, nun zum Wohle ihres Kindes einfach das genaue Gegenteil ihrer Eltern praktizieren, d. h. nun ihr Heil in freier, demokratischer oder antiautoritärer Erziehung suchen. Das Motiv hinter diesem Bestreben ist edel, doch ist das eigene Handeln mitunter wenig reflektiert. Viele dieser Eltern hegen die Auffassung, dass, wenn sie sich nur weitestgehend zurückhielten, den Kindern keine Grenzen setzten, ihnen einen „nahezu […] elternlosen Raum" (Juul 2006, 141) anböten, das Beste für ihre Entwicklung zu tun. Dass Kinder ohne Zweifel Führung benötigen und wie diese nach Juul anzustellen ist, wurde bereits besprochen. Anstelle eines dualistischen Denkens in Gegensätzen, müssen die Eltern beginnen, pluralistisch in Alternativen zu denken. Diesen Schritt können sie gehen, wenn sie lernen, sich persönlich auszudrücken und persönlich zu sprechen (davon habe ich bereits in 2.2.3 gesprochen). Schließlich kann man erreichen, sich selbst und gegenseitig ernst zu nehmen (vgl. Juul 2006, 152, 163).

Den Gedanken des variablen Verhältnisses zwischen persönlicher und sozialer Verantwortung soll im Hinblick auf die besondere Rolle persönlicher Kommunikation folgendes Zitat bündeln:

„Die persönliche Rückmeldung ist die einzige Form der Kommunikation, die sicherstellt, daß [sic!] die persönliche Verantwortlichkeit der Kinder sich differenziert entwickelt und gleichzeitig der Kontakt und die Gemeinschaft gewahrt bleiben und sich weiterentwickeln. Alle anderen Arten des Feedbacks: sachliche, moralische und soziale Belehrung, Werturteile und Gleichgültigkeit, sind für alle drei Bereiche destruktiv. Sie führen entweder zu Fremdbestimmtheit und hindern so die Entwicklung von Selbstgefühl und persönlicher Verantwortung, oder sie führen zu Isolation ('I do my own thing!') und dem Gefühl von Minderwertigkeit. Ein Nebengewinn fällt bei persönlichen Rückmeldungen darüber hinaus ab: Sie erinnern Kinder und Jugendliche immer daran, daß [sic!] es andere Menschen gibt, andere Haltungen und ein anderes Erleben der Wirklichkeit, und damit helfen sie ihnen [gleichermaßen], ihre soziale Verantwortlichkeit zu entwickeln" (Juul 2006, 166).

Insofern sind häusliche Pflichten als aktiver Beitrag der Kinder für die Gemeinschaft keine Notwendigkeit. Die soziale Verantwortlichkeit entwickelt sich auch ohne sie (vgl. Juul 2006, 175). Sofern beide Eltern berufstätig sind und die Unterstützung von Seiten der Kinder unabdingbar, d. h. keine Pflicht um der Pflicht willen, sondern weil es den Eltern ein Bedürfnis ist, Unterstützung von ihren Kindern zu erhalten, so ist aus Juuls Sicht nichts dagegen einzuwenden. Wenn sie echte Hilfe benötigen und diese für die Familie sinnvoll ist (vgl. Juul 206, 182). Eltern sollten außerdem bedenken, ob sie feste Pflichten verteilen oder ihre Kinder ab und an um ihre Hilfsbereitschaft bitten. Beides gleichzeitig zu verlangen, also Hilfsbereitschaft *und* Pflichterfüllung, kommt einer gewissen Willkür in der Verfügung der Eltern über die freie Zeit der Kinder gleich und widerspricht den Kriterien der sinnvollen Hilfe, der Wertschätzung und der Gleichwürdigkeit. Entweder ich lege bestimmte Pflichten fest oder wir vereinbaren, gelegentlich um Hilfe zu fragen, wenn diese unabdingbar ist (vgl. Juul 2006 182f.), gestehen aber zu, offen „Nein" sagen zu dürfen. Juul empfiehlt, eher auf die Hilfsbereitschaft als auf die Pflichterfüllung zu setzen, auch weil sich Kinder dann auf längere Sicht immer mehr engagieren wöllten, und Eltern und Kinder regelmäßig trainieren könnten, ja oder nein zu sagen, was ihr Gefühl für gegenseitige Grenzen und Bedürfnisse differenziert (vgl. ebd.). Dann geht es nicht um „Lust contra Pflicht [...], sondern [um] freie, innengelenkte Verantwortlichkeit contra strukturierte, außengelenkte Verantwortlichkeit" (Juul 2006, 183f.).

Ein bisher noch nicht genügend hervorgehobener Unterschied zwischen Inhalt und Prozess bzw. Sach- und Beziehungsebene, reflektiert diesbezüglich das Verhältnis von Macht und Verantwortung (vgl. Juul 2013d, 16ff.). Die Interaktion zwischen den Familienmitgliedern, also jegliche verbale und nonverbale Kommunikation, gestaltet sich derart komplex, dass es zwischen den Kommunizierenden unweigerlich zu Missverständnissen kommen kann. Oftmals weicht das, was wir sagen, von dem, was wir meinen, ab. Welche Haltungen liegen dem Gesagten zu Grunde (vgl. Juul 2006, 203), welche Gefühle, Konflikte, Appelle, Drohungen, Selbstoffenbarungen? Es ist ratsam, zwischen Inhalt und Prozess zu unterscheiden.

Der Inhalt beschreibt die konkrete Handlung oder das Gesagte ohne eine Wertung oder Interpretation, es geht ausschließlich um die Sache. Der Prozess gibt Auskunft darüber, wie wir etwas sagen oder wie wir handeln. Er referiert auf die Beziehung zwischen den Gesprächspartnern.

Dabei gibt es, so haben Kommunikationswissenschaftler und Neurobiologen herausgefunden, ein natürliches Verhältnis: Während viele Menschen glauben, der Inhalt des Gesprächs wäre das Wichtigste und der Prozess sei (im wahrsten Sinne) nebensächlich, d. h. in einem Verhältnis von 80 % der Aufmerksamkeit für den Inhalt zu 20 % für den Prozess, ist es in Wirklichkeit genau umgekehrt. Viele Menschen sind sehr feinfühlig für das *Wie* und konzentrieren sich kaum auf das *Was* - 80% Prozess : 20 % Inhalt. Jedoch führen grundsätzlich beide Verhältnisse zu Missverständnissen. Wir hören einander nicht richtig zu, wir bewerten, interpretieren, kommentieren, vergleichen, übertreffen uns, streiten, argumentieren etc. Aber wir bemühen uns kaum, dieses Verhältnis zu egalisieren. Würden Inhalt und Prozess sich die Waage halten können, also zu einem Verhältnis von 50 % : 50 % verschmelzen, würde man also beidem in der Kommunikation miteinander dieselbe Aufmerksamkeit widmen, erfordert dies auf beiden Seiten größere Authentizität und Empathie. Es entsteht folgender Kreislauf: Wenn wir uns um einen persönlichen Ausdruck und eine persönliche Sprache bemühen, ebnet dies den Weg zu einer anerkennenden, dialogischen Kommunikation, die die Grenzen und Bedürfnisse des anderen wahrnimmt und respektiert, und schließlich können wir auf dieser gleichwürdigen Ebene unsere persönliche Verantwortung und unser Selbstwertgefühl stärken, was positiv zurückwirkt auf die soziale Verantwortung.[5]

„In einer Liebesbeziehung zwischen gleichgestellten [gemeint ist hier: gleichwürdigen, Anm. J.I.] Erwachsenen sind beide gleichermaßen verantwortlich für die Qualität ihres Zusammenwirkens, wohingegen die Erwachsenen für die Qualität der Interaktion mit den Kindern die ganze Verantwortung tragen" (Juul 2006, 204).

Gemeint sind alle Erwachsenen, mit denen die Kinder zu tun haben und die in irgendeiner Weise versuchen, erzieherisch oder pädagogisch auf deren Entwicklung

---

[5] Die Rolle der persönlichen Sprache im Kontext professioneller Pädagogik und ihre Abgrenzung zu sozialer, akademischer, pädagogischer und Fachsprache ist ebenfalls beachtlich (siehe: Juul 2012f, 295ff.).

Einfluss zu nehmen. Wird die Verantwortung auf die Kinder übertragen, entwickeln sich diese ungesund (vgl. Juul 2006, 205). Die Erwachsenen müssen damit eine „doppelte Verantwortung" (Juul 2013d, 43) tragen, ihre eigene und die in der Beziehung zum Kind.

In nahezu allen Veröffentlichungen Juuls wird die Verantwortung der Eltern zum Thema gemacht. Insofern muss es erlaubt sein, Konflikte in der Familie zu haben (vgl. auch Juul 2013c, 57ff.). Sie selbst sind nicht bedrohlich, nur der Umgang mit ihnen kann unter Umständen bedrohlich sein, nämlich dann, wenn es nicht gelingt, sie konstruktiv zu führen. Es geht also weniger um den Inhalt, als um die bewusste Gestaltung des Prozesses nach den Grundsätzen des gleichwürdigen Dialogs (siehe 2.2.1). Dafür haben laut Juul einzig die Erwachsenen die Verantwortung. Selbstverständlich braucht all dies Zeit, um sich im Handeln und Denken zu integrieren. Es ist nützlich, stetig zu üben und sein Denken und Handeln zu reflektieren. Die Kinder werden einem entsprechend Feedback geben. Es lässt sich nicht sagen, wann konkret der Übergang vom Alten zum Neuen vollzogen sein wird, denn dafür sind Familien, Eltern und Kinder zu verschieden (vgl. Juul 2013c, 17f.). Es kann zwei Jahre oder zehn Jahre dauern, oder man muss sich das gesamte Leben bewusst auf diesen Lernprozess einlassen, wenn man lebenslange intensive Beziehungen zueinander haben möchte. Ich erinnere an das Bild des „automatischen Elternanrufbeantworters" (Juul 2006, 215). Dieser wird, wenn das Ziel erreicht ist, seinen Geist aufgegeben haben.

„Wir können unsere ökonomische, physische und soziale Macht benutzen, um Kindern Dinge und Umstände zu geben oder zu versagen, die sie entweder haben wollen oder die sie brauchen. Aber wenn wir sie benutzen, um ihre Reaktionen oder Gefühle zu etwas Falschem zu machen, sind wir auf der schiefen Ebene des Machtmißbrauchs [sic!]. Unser Elternstatus gibt uns nicht das Recht, das Leben selbst zu kränken" (Juul 2006, 217).

Es sind „ethische Regeln", die Juul hier formuliert und einfordert, die uns glaubwürdige, gesunde Beziehungen mit unseren Kindern und anderen Erwachsenen aufbauen lassen (vgl. ebd.). Dass Eltern über Macht verfügen, ist ebenso unbestritten wie, dass diese Macht zwangsläufig schädlich für die Kinder ist. Kinder benötigen Führung, allerdings verstanden als verantwortliche Machtausübung. Dieser kommen die Eltern nach, wenn sie das hier Dargestellte für sich reflektieren. Sind die Kinder noch nicht in der Pubertät, brauchen sie die Führung eines lebenserfahrenen, besserwissenden, aber auch liebevollen und einsichtigen Erwachsenen als „Sparringspartner, Beschlußfasser [sic!] und Machtausüber" (Juul 2006, 216). Im

Umgang mit Teenagern ist es erforderlich, dauernd nachzuregulieren, neuauszuhandeln und sie bedingungslos zu lieben und nicht, weil bzw. erst dann, wenn sie sich an Abmachungen halten, Pflichten erfüllen, Leistung erbringen oder anderweitig funktionieren (vgl. Juul 2006, 181).

Nun hört es sich so an, als trügen die Eltern nicht nur die Verantwortung, sondern wären auch an allem schuld, was im Erziehungsprozess schief geht. Daher möchte ich dieses Kapitel mit dem Unterschied zwischen Schuldgefühl und Schuldbewusstsein bei Juul beenden, um diesem eventuellen Missverständnis vorzubeugen.
Eltern wollen für ihr Kind immer das Beste. Sie haben eine individuelle Vorstellung von dem, was sie als gutes Leben ansehen und in welche Richtung sich ihr Kind entwickeln soll, damit es dieses erreichen kann. Diese Vorstellung speist sich von einem inneren Maßstab beider Eltern, der wiederum auf den Erfahrungen in ihrer eigenen Kindheit beruht (vgl. Juul 2013d, 87). Entweder eifern sie ihren Eltern nach, sagen sich von ihnen los oder wollen alles radikal anders machen. Oft unbewusst und unreflektiert, wie bereits erwähnt.
Zwei Grundprinzipien sind in dieser Hinsicht wichtig: 1) Jede Familie ist anders, 2) Es gibt keine perfekten Eltern, nicht einmal annähernd (vgl. ebd.; Juul 2013c, 167).
Die Qualität des Lebens ist bei Erwachsenen wie Kindern sprunghaft bzw. abhängig von ihrer Tagesform und von vielen unvorhersehbaren äußeren Einflüssen. Neben unserer konkreten Verpflichtung oder Mitverantwortung für das Wohl und Wehe aller in unserer Familie sind wir faktisch implizit auch „mitschuldig" (Juul 2013d, 88), wenn wir falsche Entscheidungen treffen, die die Lebensqualität aller beeinträchtigen. Daher stellt Juul zwei Herangehensweisen vor: Schuldgefühl und Schuldbewusstsein. Das Schuldbewusstsein ist eine natürliche menschliche und konstruktive Fähigkeit, wenn wir einen Fehler begangen oder jemanden verletzt haben, die uns „von den Säugetieren unterscheidet. Ohne diese Fähigkeit gäbe es keine Moral und Ethik, und wir würden alle nach dem Gesetz des Dschungels leben" (ebd.). Man kann „Schuldbewusstsein" vielleicht am ehesten mit „Einsicht" gleichsetzen, die die Verbindung zur Verantwortung noch stärker konturiert. Das Schuldgefühl ist vor allem destruktiv angelegt. Es führt dazu, dass sich Menschen als depressiv, resigniert oder fatalistisch erleben. Schuldgefühle ebnen den Weg in Selbstmitleid, Selbstvorwürfe und Isolation (vgl. ebd.). Schuldgefühle können sich aber auch aggressiv artikulieren oder gegen andere gewendet werden, und führen bei diesen zu einem schlechten

Gewissen und dem reellen Erleben von Schuld, Scham und Schande. Auf diese Weise verletzen sie entweder die eigene Integrität oder die des Gegenübers. Doch die Schuld an sich löst sich durch dieses Vorgehen nicht auf, sondern summiert sich auf, zu Gunsten destruktiver oder autodestruktiver Handlungen (vgl. ebd.).

Das Schuldbewusstsein steht für eine reflektierte Haltung: Ich kann mich noch so sehr anstrengen, es kann immer passieren, dass ich andere auf irgendeine Weise verletze. In dieser Haltung drückt sich schließlich die elterliche und erwachsene Verantwortung aus: Sobald ich erkenne, wo ich etwas falsch gemacht habe, werde ich dafür die Verantwortung übernehmen (vgl. ebd.). Insofern sieht Juul das Schuldgefühl lediglich als Vorstufe dieser tiefergehenden Einsicht. Beschuldige ich jemanden, sollte ich kritisch meine eigene Verantwortung prüfen. Schließlich bin ich mit diesem Verhalten ein Vorbild für mein Kind und befreie es von dem Gefühl, nicht in Ordnung zu sein, so wie es ist. Bin ich mir erst einmal meiner Schuld bewusst geworden, kann ich künftig konstruktiver handeln (vgl. Juul 2013d, 89). Dabei ist es nicht nötig, sich auch schuldig zu fühlen. Das Schuldgefühl solle man am besten mit Humor und Selbstironie bekämpfen.

Viele Eltern sind stark verunsichert durch die Erziehungsratgeberlektüre, die Öffentlichkeit, die Medien, das Personal pädagogischer Institutionen etc., wozu jedoch kein Anlass bestünde. Man solle Juul zufolge nichts ändern, was gut läuft, denn Eltern sind die Menschen im Leben eines Kindes, die den größten Einfluss auf seine Entwicklung haben (vgl. Juul 2013c, 167). „Kinder fühlen sich wohl mit Eltern, die mit sich zufrieden sind, ohne selbstzufrieden zu sein" (Juul 2013d, 91).

„In unserer heutigen Situation ist die Qualität dieser Beziehungen für die sozialen Bereiche und die soziale Ethik der Gesellschaft von entscheidender Bedeutung. Kinder und Jugendliche sind nicht mehr gehorsam, und sie werden nur dann zu verantwortungsbewussten Menschen, wenn sie mit verantwortungsbewussten Erwachsenen Umgang haben, die die innere Verantwortlichkeit der Kinder und Jugendlichen nicht verletzen und sich selbst nicht verletzen lassen" (Juul 2012f, 391).

# 3 Juuls theoretisches Fundament

Ursprünglich hatte ich vor, das Konzept Jesper Juuls noch ausführlicher zu beleuchten. Ich wäre gern noch konkreter auf das Nein-Sagen, die unterschiedlichen Typen des Neins (es sind über sechs), die Rolle der Aggression und der Empathie eingegangen. Allerdings ist dieses Vorhaben aufgrund der begrenzt zur Verfügung stehenden Zeit gescheitert. Ich hoffe dem Leser hier dennoch einen guten Einblick in die zentralen Gedanken Jesper Juuls gegeben zu haben.

Genauer eingehen möchte ich an dieser Stelle noch auf den Stil der Schriften Jesper Juuls. Grundsätzlich richtet er sich an verschiedene Zielgruppen: Eltern, Lehrer, Erzieher und andere professionelle Pädagogen, Männer und Väter, Frauen und Mütter, Jugendliche, Familien, Paare etc. Da das Werk gänzlich aus Übersetzungen ins Deutsche besteht, kommt es im hohen Maße auf das Feingefühl des Übersetzers an, Juuls Programmatik in den geeigneten begrifflichen Rahmen zu transponieren. Hier gibt es zum Teil erhebliche Unterschiede. Juuls Titel sind in verschiedenen Verlagen erschienen, mit ebenfalls erheblichen Unterschieden in der Gestaltung des Textes, von sehr unterhaltend, bunt und mit aufgearbeiteten Elternbriefen über informativ mit gelegentlichen Grafiken, die Zusammenhänge visualisieren, über verschriftlichte Interviews bis zu sachlichen Darstellungen untermalt von Beispielen oder Schlüsselsituationen. Insofern kann man Kritik in diesen Punkten nicht zwingend am Autor selbst festmachen. Auch was die Wahl der Titel betrifft, äußert Juul selbst kritisch, dass die Verlage innerhalb der Vermarktung von „Ratgeberlektüre" reißerische Titel bevorzugen. Diese zerstören teils die eigentliche Botschaft des Buches und das Selbstverständnis Juuls. Es gibt Schriften, die sich ausschließlich an Eltern richten und die zum Zweck des allgemeinen Verständnisses sprachlich sehr einfach und prägnant formuliert sind. Juul setzt besonders auf seine eigene langjährige Erfahrung als Familientherapeut und Berater. Daher sind seine Texte gespeist von diversen Beispielen. Schreibt Juul für die Zielgruppe der Eltern, so begrenzt er die theoretische Sicht auf ein notwendiges Minimum und macht über viele unterschiedliche Beispiele aus der Praxis das jeweilige Problem aus verschiedenen Perspektiven sicht- und greifbar. Dabei könnte der Eindruck entstehen, Juul würde den Eltern Handreichungen für den Alltag anbieten wollen und mit Allheilmitteln aufwarten, die jeder Familie die perfekte Lösung versprächen. Er selbst betont immer wieder, dass der Kontext der jeweiligen Familie bedacht werden muss und nur nach eingehender Analyse und Kenntnis des Familiensystems Empfehlungen ausgesprochen werden könnten. Die Beispiele dienen also vor allem als Illustration der Theorie – nicht mehr und nicht weniger. Auch möchte er nicht als der „Erziehungsexperte" angesehen werden. Juul ist kein Guru, sondern postuliert Vielfalt im Handeln und Denken als gesellschaftliche Notwendigkeit. Er steht anderen Sichtweisen neutral gegenüber, begründet aber zugleich seinen Standpunkt.

Juul veröffentlicht auch Schriften, die sich vorrangig an pädagogisches Personal wenden (z. B. *Vom Gehorsam zur Verantwortung*). Hier halten sich theoretische und

Anwendungsbezüge die Waage. Der Schreibstil wird wissenschaftlicher, d. h., es tauchen öfter auch pädagogische Fachbegriffe auf. Jedoch muss ich auch hier feststellen, dass konkrete wissenschaftliche Bezüge bzw. Querverweise und Belege relativ rar sind. Er bezieht sich nur gelegentlich auf andere Wissenschaftler, die sein Denken prägten. Erst in neuerer Literatur verweist er spärlich auf konkrete Studien und Projekte, die sein Denken inspirierten oder es stützen. Wer Juul versucht, in eine wissenschaftliche Schublade zu packen, wird sehr schnell resignieren. Wahrscheinlich ist dies sein Ansinnen. Er bemüht sich um einen fachneutralen Standpunkt, indem er nicht Erkenntnisse aus einer bestimmten Disziplin repliziert und befeuert. Vielmehr bedient er sich Ansätzen aus zahlreichen Konzepten, verdeutlicht zeitgeschichtliche Hintergründe und bezieht neueste Erkenntnisse unterschiedlicher Disziplinen in sein Denken ein. Juul ist sehr reflektiert und kompetent. Seine mehrere Jahrzehnte umfassende professionelle Erfahrung ist spürbar. Zusätzlich macht seine Tätigkeit in über fünfzehn Ländern innerhalb Europas großen Eindruck. Allerdings wird er es m. E. schwer haben, sich die wissenschaftliche Geltung zu verschaffen, die er verdient. Ohne die Standards wissenschaftlicher Schriften zu beachten, kann sich Juul nicht das nötige Gehör verschaffen. Zu oft verweist er auf seine Erfahrungen und darauf, dass entsprechende seriöse empirische Studien, die diese Erkenntnisse stützen, noch nicht vorhanden wären. Dennoch fällt bei der Lektüre seiner Schriften auf, wie außerordentlich facettenreich dieses Konzept ausgearbeitet ist. Es ließen sich Bezüge zu Albert Ellis, Marshall Rosenberg, Maria Montessori, Sigmund Freud, Paul Watzlawick und der Palo-Alto-Gruppe und mindestens einem Dutzend weiterer namhafter Denker anstellen; auch wissenschaftliche und philosophische Bezüge zu Pragmatismus, Phänomenologie, Sozialem Konstruktionismus, Konstruktivismus, Psychoanalyse, direkte und indirekte systemische Sichtweisen, neurowissenschaftliche sowie Bezüge zur neueren Säuglings- und Beziehungsforschung. Aus diesem Fakt lässt sich schließen, dass Juul einen ganz eigenen Ansatz einer neuen auf die, in seinen Augen, wesentlichen Erfordernisse der Zukunft ausgerichteten Pädagogik ausgearbeitet hat, den er immer weiterentwickelt.

Juul macht auf die unterschiedlichen sprachlichen Ebenen von sozialer Sprache, akademischer Sprache, Fachsprache, pädagogischer Sprache und schließlich persönlicher Sprache aufmerksam (vgl. Juul 2012f, 295ff.). Auch dies ist ein Grund für seinen möglicherweise unkonventionell anmutenden Schreibstil. Er ist der Auffassung, dass lediglich die persönliche Sprache dazu geeignet ist, interpersonale

Beziehungen adäquat zu beschreiben, wobei sie sowohl für die berufliche als auch persönliche Integrität immer die authentischste Form des Ausdrucks ist (vgl. Juul 2012f, 298; 2006, 158f.). Ebendiese möchte er auch in seinen Schriften vermitteln und bleibt damit sich selbst treu. Ein weiterer Grund, weshalb er auf einen wissenschaftliche Schreib- bzw. Sprachstil weitestgehend verzichtet.

Seine Auffassungen zu fundieren und systematisieren, kann im Rahmen dieser Studie nicht gelingen. Gleichwohl möchte ich kurz drei wesentliche Bezüge besprechen, die m. E. seine Haltung auf bedeutsame Weise prägen und auch im Hinblick auf die inklusiven Entwicklungen von Bedeutung sind. Sie können als eine unter vielen Lesarten der Schriften Jesper Juuls angesehen werden. Gleichzeitig liegt hierin sowohl eine weitere Qualität seines individuellen Schreibstils als auch der Angriffspunkt, dass Juul für jede Interpretation offen ist.

## 3.1 Die Haltung des Nicht-Wissens

In *Vom Gehorsam zur Verantwortung* wird die amerikanische systemische Familientherapeutin Harlene Anderson als konkrete wissenschaftliche Referenz herangezogen. Sie bildet dort (vgl. 2012f, 242ff.) mit ihren Erkenntnissen den theoretischen Rahmen der Betrachtung der Zusammenarbeit von Pädagogen und Eltern, der häufig auf beiden Seiten (noch) verstanden werde als der Kontakt zwischen Experten und Nicht-Experten. Juul wie Anderson sind Therapeuten. Jedoch wird darauf hingewiesen, das Gespräch zwischen Pädagogen und Eltern nicht „therapeutisieren" zu wollen, sondern es als „die intensivste und professionellste Gesprächsform [zu begreifen], die wir kennen" (Juul 2012f, 245). Aber nicht nur auf dieser Ebene, sondern auch in Bezug auf das Selbstverständnis Juuls als ‚Ratgeber' für Eltern, Pädagogen etc. ist das Denken von Harlene Anderson von zentraler Bedeutung und innerhalb seiner Schriften an diversen Stellen nachvollziehbar.

Genauer geht es um einen bahnbrechenden Aufsatz, den Harlene Anderson zusammen mit ihrem Kollegen Harold Goolishian 1992 unter dem Titel: „Der Klient ist Experte: Ein therapeutischer Ansatz des Nicht-Wissens" veröffentlichte. Die daraus zu entnehmende Haltung des Nicht-Wissens ist nicht nur in einem therapeutischen Setting anwendbar, sondern lässt sich ebenso auf die Eltern-Kind-Beziehung sowie jegliche Form von Lehrer-Schüler-Beziehungen übertragen. Die Beziehung Therapeut - Klient ist damit als Synonym mit den vorher genannten anzusehen.

Anderson/Goolishian setzen wie Juul auf den Dialog. Diese Gesprächsform ermöglicht durch eine geänderte Form von Fragen, *gemeinsam* neues Wissen zu erzeugen. Es wird darauf verzichtet, über geschlossene Fragen oder Kontrollfragen, bereits bekanntes Wissen abzufragen. Danach wüsste der Therapeut zwar mehr über den Klienten, der Klient aber nicht mehr über sich. Wenn der Therapeut neugierig und offen für die Erzählungen seines Klienten ist, versteht er sich nicht als Autorität, Ratgeber oder Experte, sondern tritt einen Schritt beiseite. Er versucht seinen Klienten besser zu verstehen, anstatt ihn zu begrenzen. Es ist die „Suche nach dem ‚Noch-nicht-Gesagten'" (Anderson/Goolishian 1992, 188).

Somit drückt sich auch hier die Verschiebung des Fokus aus: Von der statischen, einseitigen Betrachtung des „Problems" des Klienten, das es zu beheben gilt, hin zur gleichwürdigen Beziehung zwischen zwei Gesprächspartnern, die beide bereichert. Der gemeinsame Austausch im Dialog ist gleichzeitig das Ziel des Gesprächs. Indem der Klient seine Geschichte aus ganz verschiedenen Blickwinkeln immer wieder neu erzählen darf, werden neue Sichtweisen auf das Anliegen des Klienten generiert, die ihn wiederum in die Lage versetzen, selbst zu entscheiden, was er mit diesen neuen Informationen anstellen möchte. Es erfolgt kein Appell, und es entsteht kein unmittelbares Gefühl von Schuld oder Scham durch das Verhalten des Therapeuten. Die Integrität des Klienten bleibt gewahrt. Vielleicht sieht er einen Weg, seine Situation bzw. „Ich-Erzählung" für sich positiv zu verändern. Er kann selbst tätig werden und seine persönliche Verantwortung übernehmen. Er erfährt Selbstwirksamkeit, ein größeres Selbstwertgefühl und eine größere persönliche Freiheit, sein Leben selbst zu gestalten, wenn ihm dies offenbleibt, denn dann hat er die Möglichkeit, die nötigen Schritte allein gehen zu können, oder er entscheidet sich bewusst dafür in seiner Situation zu verharren, weil diese ihm momentan Stabilität gibt. Der Klient kommt durch die Haltung des Nicht-Wissens auf Seite des Therapeuten also seinen eigenen Bedürfnissen auf die Spur. Niemand gibt ihm einfache Rezepte für die Lösung seines Problems vor. Es entsteht kein Gefühl des Von-außen-gesteuert-Werdens. Niemand weiß, was in seiner Situation das Beste für ihn ist – außer der Klient selbst.

„Die Reaktion des Therapeuten auf den Sinn und der Versuch, die Geschichte des Klienten und ihre Elemente zu verstehen, steht im Gegensatz zur traditionellen therapeutischen Position, welche auf den Un-Sinn oder die Pathologie dessen reagiert, was gesagt wurde. In diesem Prozeß [sic!] muß [sic!] das neue erzählerische Verstehen, das den Therapeuten als Co-Autoren sieht, in der Alltagssprache des Klienten gefaßt [sic!] sein. Ein therapeutisches Gespräch ist nicht mehr als eine sich langsam entwickelnde und detaillierte, konkrete individuelle Lebensgeschichte, die durch die Position des *Nicht-*

*Wissens* des Therapeuten und seine Neugier, etwas zu lernen, stimuliert wird. Diese Neugier und das *Nicht-Wissen* öffnen konversationalen Raum und erhöhen daher das Potenzial für erzählerische Entwicklung, für neue Handlungsmöglichkeiten und persönliche Freiheit" (ebd., 188; ihre Hervorhebungen).

Durch ein authentisches bzw. echtes Interesse an den Einstellungen und Sichtweisen des Gegenübers entsteht für alle Beteiligten eine intensivere, wertschätzende und anerkennende Kommunikation, die schließlich mir als Klient die Möglichkeit einer veränderten Wahrnehmung meines Selbst oder meiner Geschichte offeriert. „[D]ie Haltung des Nicht-Wissens meidet ein künstliches und voreiliges Verschließen, das sich oft ergibt, wenn das Ergebnis vorbestimmt ist" (Anderson/Goolishian 1992, 186). Niemand kann aus der Position des Nicht-Wissens festlegen, wo die Grenzen von Normalität und Krankheit, wahr und unwahr, richtig und falsch liegen, da „es niemals eine gänzlich ‚wahre' Geschichte noch ein einzigartig richtiges oder korrektes Verstehen gibt. Dies erlaubt dem Therapeuten, niemals wirklich zu wissen und damit immer von der Position des ‚Nicht-Wissens' zu kommen" (ebd.). Es gibt daher kein Machtgefälle zwischen Therapeut und Klient. Diese Herangehensweise bestimmt zu weiten Teilen das Denken Jesper Juuls.

## 3.2 Der Dialog

Der Dialog ist eine wesentliche Bedingung für die Praktikabilität des Juul'schen Wertekanons von Gleichwürdigkeit, Integrität, Authentizität und Verantwortung innerhalb zwischenmenschlicher Beziehungen im Allgemeinen sowie im Hinblick auf dort ablaufende erzieherische und pädagogische Prozesse im Besonderen. Der Begriff des Wertekanons sollte hier nicht als dogmatisch missverstanden werden. Ebenso wenig, wie Juul ein festes „Konzept" im Sinne einer festgelegten universalen Methode im Herangehen an Kindererziehung und Familie vertritt, so steht er auch nicht für eine starre Auslegung dieser vier Werte oder Beziehungsqualitäten. Dies würde seiner postmodernen Auffassung im Wege stehen. Jedoch soll an dieser Stelle der Ausdruck „Wertekanon" die enge Verbindung der vier von Juul angesprochenen Werte verdeutlichen. Auch wenn sich Juul nicht explizit auf Martin Buber bezieht, lohnt sich ein kurzer Blick auf dessen Perspektive bzw. sein originäres, wenn auch unvollständig gebliebenes Konzept des modernen Dialogs im Rahmen seiner Dialog-Pädagogik. Der englischsprachige Aufsatz des Autors Jeong-Gil Woo in der *Zeitschrift für Erziehungswissenschaft* (2012, 829 – 845) schlägt die Brücke zur besonderen

Bedeutung der Inklusion als Schlüsselbegriff in Bubers Dialog-Pädagogik. Woo schlägt darum vor, die Dialog-Pädagogik Bubers im Rahmen aktueller gesellschaftlicher Bedingungen neu zu beleben und weiterzuentwickeln. Im Folgenden möchte ich auf einige wichtige Punkte aus diesem Aufsatz näher eingehen.

Die Grundgedanken des Konzepts der Dialog-Pädagogik leiten sich aus Bubers vorangegangener Dialog-Philosophie im 1923 erschienenen Werk „Ich und Du" ab. Diese wurden sodann in seiner Heidelberger Rede 1925 („Über das Erzieherische") weiterentwickelt (vgl. Woo, 830). Besonders in Anbetracht der Gedanken von Juul muss das Konzept Bubers heute altmodisch und überkommen erscheinen, doch drückt es den damaligen Zeitgeist aus und muss aus diesem Kontext heraus bewertet werden. So war es für Buber schlicht nicht vorstellbar, dass die Lehrer-Schüler-Beziehung mit ihrem damaligen natürlichen autoritären Gefälle sich in vollständige Gegenseitigkeit ("complete mutuality") auflösen könnte, was m. E. identisch ist mit dem Gedanken der Gleichwürdigkeit bei Juul. Die wechselseitige Anerkennung beider Seiten als voneinander und miteinander Lernende ist heute keine Unvorstellbarkeit mehr, sondern häufig schon Bestandteil gelebter pädagogischer Praxis, müsste jedoch auch in Zukunft noch stärker forciert werden.

Die im Kap. 2.2.1 genannte Unterscheidung von Subjekt-Objekt-Beziehungen und Subjekt-Subjekt-Beziehungen spielt auch bei Buber eine zentrale Rolle. Dort finden sich analog die sog. „Grundwortpaare" „Ich-Es" und „Ich-Du" (vgl. ebd.). Außerdem geht Buber von der Existenz eines „Zwischen-Menschlichen" aus. Sieht man von einer möglichen oder realen religiösen oder spirituellen Fundierung dieses Konzepts ab, lässt sich auf Grundlage der Dialog-Pädagogik der besondere Fokus auf die zwischenmenschlichen Beziehungen legen, die auch innerhalb des Konzepts von Juul geradezu *die* zentrale Bedeutung haben.

Der Umstand, dass die Dialog-Pädagogik nicht als vollständig erarbeitetes Konzept vorliegt (vgl. Woo, 831), lässt in ihrer Rezeption Raum für diverse Interpretationen der Bedeutung des Zwischenmenschlichen. Die Ich-Es- bzw. Ich-Du-Beziehung ist bei Buber unmittelbar, d. h., sie beruht einzig und allein auf der „Kraft ihrer Ausschließlichkeit" ("power of exclusiveness"). Das Zusammentreffen von Ich und Es sowie Ich und Du wird weder von äußeren Reizen noch durch irgendwelche von einer oder beiden Seiten ausgehenden Ziele gelenkt. Es ist also frei von Intentionalität (vgl. ebd.). Dieses Zusammentreffen passiert einfach als „elementare Erfahrung" ("elementary experience") (vgl. ebd.), ohne, dass wir sie steuern könnten.

In diesem Zusammenhang wird Inklusion von Buber als etwas betrachtet, dass sich ausschließlich und spezifisch in pädagogischen Beziehungen ("educational relationship") entwickelt (vgl. Woo, 832). Woo definiert "inclusion" („Umfassung", „Einschließen") zunächst grundlegend als "considering someone or something as part of a larger group" (ebd.). Bei Buber wird Inklusion jedoch spezifisch definiert als transzendentale "experience of the other side" (Woo, 833). Inklusion tritt demnach dann auf, wenn man eine Ich-Du-Beziehung eingeht. Bei der Entstehung der Ich-Du-Beziehung, so stellt es sich Buber vor, verschmelzen Ich und Du miteinander, d. h., ich bin ich und gleichzeitig auch du und umgekehrt. Dies ist bei Buber sowohl physisch als auch psychisch gemeint und beschreibt mehr als nur Empathie. Dieses Gefühl/Erfahrung dauert nur Bruchteile einer Sekunde, kann aber so intensiv sein, dass wir uns unser gesamtes Leben noch daran erinnern können. Modern ausgedrückt, würde man sagen, es ist eine Bindung entstanden. Ich kann mich quasi unweigerlich in den anderen hineinversetzen, wenn wir aufeinandertreffen und kann empfinden, was er empfindet, jedoch gleichzeitig bei mir selbst bleiben. Ich und Du verschmelzen, sodass unklar ist, wer ich für diesen Moment eigentlich bin. Im Gegensatz zur Empathie, bei der ich durch meine eigene Vorstellungskraft begrenzt bin und mir aufgrund meiner eigenen Erfahrung in solchen Situationen nur ausmale, wie der andere möglicherweise empfinden könnte.

"In contrast to this [Empathie, Anm. J.I.], inclusion means 'extension of one's own concreteness, the fulfillment of the actual situation of life, the complete presence of the reality in which one participates'" (Buber, zit. n. Woo 2012, 833f.).

Buber betrachtet die Erfahrung von Inklusion als zentralen bzw. immanenten Bestandteil jeder dialogischen Beziehung und der Dialog-Pädagogik (vgl. ebd.). Insofern ist die pädagogische Beziehung eine durch und durch dialogische (ebd.). Diesen Ansatz könnte man, ohne sich in philosophischen Details zu verlieren, folgendermaßen interpretieren: Für das Zustandekommen dieser dialogischen Beziehung muss man sein eigenes Denken und Bewerten ausschalten, zugunsten einer gleichwürdigen Beziehung, die im Erlebnis der Inklusion überleitet in ein offenes, neugieriges, gegenseitig partizipierendes Miteinander. Man muss sich also aufeinander einlassen. Durch Bubers Inklusion gelingt es innerhalb pädagogischer Beziehungen durch Bildung (dem Austausch von Wissen), die Ich-Es-Beziehung in eine Ich-Du-Beziehung zu verwandeln. Der Schüler ist sodann, sieht man von Bubers traditioneller Sichtweise ab und denkt in heutigen Maßstäben, nicht mehr Objekt pädagogischer Bemühungen bzw. Opfer rigider, einseitiger Methodik, sondern wird gleichermaßen Subjekt, wie es der Lehrer (schon) ist. Beide begegnen sich dann gleichwürdig in einer dialogischen Beziehung, die aus dem speziellen Moment der Inklusion entsteht. Jedoch konnte sich Buber keine komplette Wechselseitigkeit in der pädagogischen Beziehung vorstellen, sie erschien ihm als unerreichbares Ideal der Dialog-Pädagogik, weshalb er empfahl, sich mit einer einseitig vom Lehrer zum Schüler ausgerichteten Inklusion zufriedenzugeben (vgl. Woo, 839). In seiner Zeit war es nicht vorstellbar, inwiefern ein Lehrer auch von seinem Schüler lernen konnte. Dies bedeutete für Buber, dass die pädagogische Beziehung in eine freundschaftliche Beziehung hätte übergehen müssen, was ihm widersinnig erschien, da somit gleichzeitig eine pädagogische Beziehung nicht mehr möglich sei. Es wird quasi nur zugestanden, dass der Lehrer sich in den Schüler „hineinversetzen" kann, jedoch erscheint dies andersherum als kaum möglich und unsinnig in den Augen Bubers. Freundschaft könne nicht das Ziel sein. Deshalb ist die Dialogpädagogik an dieser Stelle unvollständig.

In der Rezeption von Bubers Ansatz gibt es darum mehrere Varianten, Inklusion zu verstehen, wie Woo zeigt:

  1) als bloße Vorstellung,
  2) als Fähigkeit,
  3) als Atmosphäre,
  4) als innere Haltung.

Doch diese Interpretationen verzerren bzw. verkürzen die Bedeutung von Bubers Inklusionsgedanken. Der Gedankengang Bubers wirkt teilweise paradox und widersprüchlich bis nicht nachvollziehbar, jedoch:

"To be able to appreciate his concept of inclusion and its pedagogical significance, it is inevitable to accept a sort of mysticism which the philosophy of Buber transports with itself. This means that we have to acknowledge the existential leap or the dynamics of the ontology of the between-man [des Zwischenmenschlichen, Anm. J.I.] as an educationally meaningful motive. Only then may the anthropology of the teacher and a didactics of dialogue pedagogy establish both a theoretical and practical basis" (Woo, 839).

Buber ging, entsprechend seiner Zeit, davon aus, dass die Fähigkeiten des Lehrers sich grundlegend von denen des Schüler unterscheiden: Der Lehrer drückt Reife und Kompetenz aus, während der Schüler diese Fähigkeiten vermissen lässt (vgl. Woo, 840). Damit wird wieder das typische traditionelle Bild des Kindes als „inkompetenter Halbmensch", welches Juul heftig kritisierte, aufgegriffen und zeigt somit eine deutliche Grenze im Konzept der Dialog-Pädagogik auf. Die Dialog-Pädagogik, die auf Gleichwürdigkeit abzielt, vernichtet sich selbst, da sie ihre Statisten als von der Natur aus ungleich ansieht, während heute vollkommen selbstverständlich davon ausgegangen würde, dass beide Teilnehmer von Natur aus Menschen sind, die höchstens auf intellektuell (noch) unterschiedlich entwickelten Ebenen, jedoch prinzipiell dazu in der Lage sind, dasselbe zu sagen, zu fühlen, auszudrücken etc. Der Lehrer steht zu Unrecht im Mittelpunkt und der Schüler wird zu Unrecht als ungleichwürdig, defizitär und inkompetent behandelt. Dies müsste in einer zeitgemäßen Aktualisierung des Konzepts korrigiert werden (vgl. Woo, 841ff.).

"[A] teacher is in principle open to an experience of learning even from and with the student. The teacher and student are commonly participating in an education, not just for the student, but also the teacher. They are performing institutionally divided roles of teaching and learning, where both agents are in fact the teacher and learner at the same time. Based on this, we can suggest that Buber's dialogue pedagogy can exist from its enclosed concept of education and open up to new possibilities. In other words, dialogue pedagogy would be able to be more faithful to modern realities including adult and continuing education without giving up the key concept of a complete mutuality in the educational relationship" (Woo, 842f.).

Wenn man von dieser Sicht auf pädagogische Beziehungen ausgeht, kann man das Potenzial, das in Bubers Konzept der Dialog-Pädagogik stecken, neu bewerten. In meinen Augen steckt in Juuls postmoderner Perspektive und dem gleichzeitigen Verweis auf den Dialog als beziehungsermöglichendes und -intensivierendes Element eine neue, zeitgemäße Rezeption der Ansätze des Konzepts der Buber'schen Dialog-Pädagogik.

## 3.3 Anerkennung

Das Element der Anerkennung potenziert bzw. präzisiert dabei die zuvor veranschaulichten Gedanken. Die Haltung des Nicht-Wissens, der Dialog und die Anerkennung bilden eine Trias mit deutlich philosophischen Wurzeln. Sie repräsentieren ein bestimmtes Menschenbild und fundieren das Konzept Juuls m. E. in besonderem Maße. Wenngleich, wie bereits oben angesprochen, viele weitere Einflüsse innerhalb seines Konzepts bestimmt werden können, so bilden diese drei Merkmale einen signifikanten Schwerpunkt. Insofern möchte ich in diesem Unterkapitel den Blick zuletzt auf das Thema Anerkennung lenken.
Der Sozialphilosoph Axel Honneth ist in Deutschland und international einer der renommiertesten Anerkennungstheoretiker, auf den sich Juul, wenn er von

Anerkennung und anerkennender Kommunikation spricht (z. B. vgl. 2012f), allerdings nicht explizit bezieht. Axel Honneth ist Vertreter der Frankfurter Schule und bezieht Gedanken von Hegel, Mead und Habermas in seine Betrachtungen ein, was im Hinblick auf die Wertigkeit bzw. den theoretischen Hintergrund von Anerkennung Parallelen zu Juuls Auffassung zulässt. Seine zentrale These lautet, dass soziale Konflikte letztlich immer aus einem Kampf um Anerkennung entstehen (vgl. Honneth 2010). Damit macht Honneth Anerkennung zur „zentralen Kategorie" (Simon 2012[6]) im gegenwärtigen gemeinschaftlichen Zusammenleben.

Mit besonderen Blick auf das Nebenthema dieser Untersuchung – die inklusiven Entwicklungen – möchte ich Bezug nehmen auf einen Aufsatz Toni Simons in der *Zeitschrift für Inklusion* (2012), der u. a. Honneths Anerkennungstheorie in Bezug zu den Herausforderungen der Inklusion im Zusammenhang mit der Professionalisierung und professionellen Entwicklung in der (Sonder-)Pädagogik behandelt. Das Thema Anerkennung sowie konkrete Rezeptionen anerkennungstheoretischer Positionen innerhalb des (sonder-)pädagogischen Diskurses sind bislang noch weitgehend unbeachtet geblieben bzw. unzureichend berücksichtigt (vgl. Simon 2012). Dabei ist die Verbindung zwischen Anerkennung und Inklusion offensichtlich. Bei Juul wird Anerkennung folgendermaßen definiert:

„Anerkennung ist keine Kommunikationstechnik, sondern eine Gesprächsform, die auf der Fähigkeit und dem Willen des Erwachsenen beruht, offen und sensibel zu reagieren und die innere Wirklichkeit und das Selbstverständnis des Kindes einzubeziehen. […] Offenheit schließt zugleich die Offenheit des Erwachsenen gegenüber sich selbst, seinen eigenen Gedanken, Gefühlen und Perspektiven ein. Die Sensibilität eines Erwachsenen umfasst die Fähigkeit und den Willen, neugierig, erstaunt, einfühlsam, empathisch und reflektierend auf das Selbstverständnis des Kindes zu reagieren. Sensibilität setzt kein Verständnis voraus, sondern kann den Weg für Verständnis ebnen" (Juul 2012f, 320f.).

Später spricht er in Anlehnung an Berit Baa von Anerkennung auch als Einstellung oder Haltung. Die obige Definition repräsentiert zugleich die genannte Trias, indem sie zunächst stark mit dem Wert Gleichwürdigkeit korrespondiert. Die angesprochene „Gesprächsform" zielt ab auf den Dialog. Sowohl der Aufruf, „die innere Wirklichkeit und das Selbstverständnis des Kindes einzubeziehen", als auch die Betonung des gemeinsamen Weges bzw. Prozesses anstelle eines Vorverständnisses zum Ende des Zitats, verdeutlichen die dialogische Beziehung und eine Haltung des Nicht-Wissens. Bei Juul drückt sich Anerkennung im Einander-ernst-nehmen, der Akzeptanz von Verschiedenheit bzw. Vielfalt, d. h. dem einander Zugestehen verschiedener

---

[6] Leider steht mir dieser Artikel nur als Online-Dokument zur Verfügung, sodass auf konkrete Seitenangaben verzichtet werden muss.

Bedürfnisse, Haltungen, Gefühle, Grenzen, Wirklichkeiten und Persönlichkeiten aus, und wird somit existenziell bedeutsam.

Anerkennung wird innerhalb von Juuls Konzept zum Schlüsselbegriff, weil sie die

„[…] Voraussetzung sowohl für die gegenseitige Entwicklung von Selbstwertgefühl und persönlicher Verantwortlichkeit als auch für die Qualität der Führung durch die Erwachsenen [ist]. Doch in vielen Fällen steht die pädagogische Tradition der wertenden Kommunikation einer Entwicklung auf allen drei Gebieten im Weg" (Juul 2012f, 322).

Wenn dies die Effekte oder Ziele einer anerkennenden Haltung zwischen Erwachsenen und Kindern sind, befördert sie automatisch auch die Anerkennung von Vielfalt und Verschiedenheit, fasst diese auch als Antrieb gegenseitiger Weiterentwicklung auf und begünstigt damit, ausgehend von der Familie (in all ihren Formen) als kleinster gesellschaftlicher Einheit, wiederum in Funktion als Multiplikator, schließlich die Veränderung der Gesamtgesellschaft hin zur Inklusion.

Charles Taylor war es, der „das Verlangen nach Anerkennung als Grundbedürfnis jedes Menschen und als zentrales identitätskonstruierendes Moment mit dialogischem Charakter" (vgl. Taylor 1993, zit. n. Simon 2012) bezeichnete. Im besonderen Hinblick auf Menschen mit Behinderung oder Migrationshintergrund und Kinder kann die Voraussetzung der Gegenseitigkeit und des Dialogischen mitunter aus verschiedensten Gründen beeinträchtigt sein. Dennoch muss ihnen diese Voraussetzung im Lichte einer anerkennenden Haltung grundsätzlich zugestanden werden. Erwachsene sollten daher aktiv wollen, d. h. von innen heraus überzeugt und motiviert sein,

„Wahrnehmung und Ausdruck des Kindes [oder Menschen mit Behinderung, - Migrationshintergrund, Anm. J.I.] als einen gleichberechtigten Bestandteil ihrer Beziehung zu begreifen" sowie „[…] den sprachlichen Ausdruck helfend […] unterstützen, der am besten die Wahrnehmung des Kindes [oder Menschen mit Behinderung, - Migrationshintergrund, Anm. J.I.] – von innen betrachtet – ausdrückt und somit das Selbstwertgefühl des Kindes [oder Menschen mit Behinderung, - Migrationshintergrund, Anm. J.I.] steigert" (Juul 2012f, 321).

Somit ließen sich Exklusion, soziale Isolation und Benachteiligung eindämmen.

Simon zeigt in seinem Aufsatz mehrere Perspektiven auf den Anerkennungsbegriff, wobei er den „zwischenmenschlichen Akt gegenseitiger Anerkennung von Status, Leistung und Rechten" für Pädagogik und Erziehung für im besonderen Maße bedeutsam hält (vgl. Simon 2012). Aus dieser Bedeutungsebene heraus, entspinnen sich drei Gruppen von Diskursen:

1) „Anerkennung als wechselseitiger Respekt zwischen autonomen Personen",
2) Anerkennung im „Kontext der Bildung von Identität und Authentizität",

3) „Anerkennung zwischen Gruppen verschiedener Weltanschauungen und Kulturen in einem multikulturellen Gemeinwesen" (Siep 2009, zit. n. Simon 2012).

Zu allen drei Diskursen bringt Juul innerhalb seiner Schriften wertvolle Gedanken ein.

Axel Honneth hat in seiner sozialphilosophischen Anerkennungstheorie drei grundsätzliche Formen von Anerkennung herausgearbeitet, die von Castro Varela und Mecheril (2010, zit. n. Simon 2012) zusammengefasst wurden als: Liebe, Recht und Solidarität. Die Anerkennung als Liebe diene der Ausbildung physischer Integrität. Die Anerkennung als Recht und Gesetz ermögliche soziale Integrität. Die Anerkennung als Solidarität erlaube die Erfahrung eigener Würde (ebd.).

Dies würde eine Verfeinerung bzw. Verengung von Juuls Sichtweise bedeuten. Dieser beschränkt die bedingungslose Liebe von Eltern gegenüber ihren Kindern nicht nur auf die Entwicklung physischer Integrität, sondern erweitert sie auch auf den Aufbau psychischer Integrität, genauer der „persönlichen Integrität". Im Rahmen der postmodernen Lebensverhältnisse spekulierte ich bereits über die zukünftige Bedeutung genereller gegenüber persönlicher Grenzen. Ich wagte die These, dass generelle Grenzen, jenseits von Recht und Gesetz, kaum noch Beachtung fänden. Honneth bestätigt diese Vermutung in gewisser Weise. „Soziale Integrität" ist im Gewand von Juuls Begrifflichkeiten quasi die Verbindung von Integrität und Kooperation. Die soziale Akzeptanz des Einzelnen, (einzig) legitimiert durch geltendes Recht, verschafft hier eine Form von Anerkennung. Das Recht erhält damit die Funktion eines Initials für den Wandel gesellschaftlicher Werte. Zugleich haben es nach dieser Theorie all jene Individuen oder Gruppen schwer, die sich außerhalb einer rechtlichen „Lobby" oder des durch das Recht diktierten Wertemaßstabs befinden. Insofern ist die Rechtsprechung eine besonders verantwortungsvolle Aufgabe. Die Initialisierungsfunktion und Legitimationsmacht des Rechts müsste sodann jedoch kritisch betrachtet werden. Eine Gesellschaft, die sich nur dann verändert, wenn es dafür eine rechtliche Grundlage bzw. Notwendigkeit gibt, d. h., die jeglicher natürlicher (Mit-)Menschlichkeit und jeglichem Vertrauen in andere entbehrt, ist m. E. gefährlich, weil sie totalitären Charakter offenbart. Erhalten persönliche Grenzen jedoch ein größeres Ansehen, so gilt das Recht als einzig ernst zunehmende generelle Grenze und bildet insofern für den Einzelnen und Minderheiten eine Schutzfunktion. Das Erlebnis von Solidarität ist gleichbedeutend mit der freien Entfaltung des Einzelnen innerhalb der Gemeinschaft, aber auch mit der Interessenvertretung und der

Stärkung von Minderheiten, d. h. dem gemeinschaftlichen Eintreten für Chancengerechtigkeit und Vielfalt (auch jenseits bereits geltenden Rechts), also grundlegender sozialer Wertschätzung. Die drei Formen der Anerkennung stehen in starker Beziehung zu einander und müssen zusammenhängend betrachtet werden, nicht losgelöst (vgl. Katzenbach 2012, 24).

Diesen Formen der Anerkennung stellt Honneth drei Formen der Missachtung gegenüber: Misshandlung und Vergewaltigung; Entrechtung und Ausschluss; Entwürdigung und Beleidigung (Simon 2012).

Im Rahmen der Schule und inklusiven Unterrichts stellen die Anerkennungsformen für Simon die „Operationalisierung des Inklusionsprinzips [dar] und [sind] zugleich als Grundlage für die Realisierung von Inklusion" (ebd.) zu betrachten:

„Liebe wurde auf die Zuständigkeit für alle Kinder verdichtet. Recht wurde als Zusicherung von Teilhabe resümiert, zuletzt gestützt durch Art. 24 der UN-BRK, wobei auch die Achtung von Kinderrechten (speziell ihrer Themen und Interessen) bei der Planung, Organisation und Evaluation pädagogischer Prozesse (als konkreter Beitrag zu einer konstruktivistischen, inklusiven Didaktik) aus inklusionspädagogischer, anerkennungstheoretischer sowie berufsethischer Perspektive besonders relevant ist. Solidarität wurde als Abwendung vom Leistungsprinzip und Verzicht auf eine Selektionsdiagnostik zugunsten einer anerkennenden pädagogischen Diagnostik thematisiert[7]. Gebündelt wurden diese Überlegungen im Begriff der (sonder)pädagogischen Berufsethik der Anerkennung, welche als wichtiger Aspekt inklusiver ‚Beliefs' artikuliert wurde" (Simon 2012).

Sofern das Thema der pädagogischen Berufsethik in den nächsten Jahren wieder stärker betrachtet würde, gilt es, diese vornehmlich anerkennungstheoretisch zu fundieren (vgl. Simon 2012). Diese Notwendigkeit wird umso deutlicher, da sich „Inklusion als ‚formales allgemeingültiges Prinzip [...], das sich aus der Funktion von Anerkennung ergibt'" (Honneth/Stahl 2010, zit. n Simon 2012), darstellt, weshalb die anerkennungstheoretisch fundierte Berufsethik letztlich über die Inklusion die Brücke zwischen Allgemeiner und Sonderpädagogik baut (vgl. Simon 2012).

---

[7] Die Formative Leistungsmessung (siehe Maier et al. 2012; Maier 2011) kann ein solches Element anerkennender pädagogischer Diagnostik darstellen; ferner der bio-psycho-soziale Ansatz und die Ressourcenorientierte Diagnostik (Baulig 2008; Klemenz 2003). Weitere Gedanken hinsichtlich einer Pädagogik der Anerkennung im institutionellen Rahmen der Schule finden sich z. B. bei Bosse & Posch (2009). Eine Diskussion über konstruktivistische Gedanken und alternative Ansätze pädagogischer Diagnostik siehe Mietzel (2007, 453 – 477); Knauer & Jürgens (2008); Eberwein & Knauer (2009, 313ff.).

# 4 Einblicke in den gegenwärtigen inklusiven Diskurs

Ich möchte den Begriff der Inklusion zunächst genauer bestimmen und die Diskussion um die Grenzen des Konzepts der Inklusion aufgreifen. Ist es wirklich zweckmäßig und notwendig, Allgemeine und Sonderpädagogik zu einer gemeinsamen Disziplin wachsen zu lassen? Drückt sich diese gemeinsame Disziplin nicht bereits im Vorhandensein einer Integrationspädagogik aus, die später in eine Inklusionspädagogik übergehen soll (vgl. Eberwein/Knauer 2009)? Muss diese Disziplin nicht sogar offen sein für das Wissen jeglicher anderer Fachrichtungen, um es in einem Dialog konstruktiv miteinander in Beziehung zu setzen? Werden durch die Implementierung einer inklusiven Kultur alle Benachteiligungen beseitigt? Kann eine Gesellschaft dies jemals leisten oder versteht sich Inklusion nur als unerreichbares Ideal, welches Exklusion stets mit einschließt (vgl. Ackermann 2012, 95)? Mit Blick auf eine inklusive Schulentwicklung müssen wir uns fragen, ob die Idee der „einen Schule für alle" mit aller Konsequenz gefordert werden kann.

Ich möchte sodann wieder den Bogen zu Juul spannen, um seine Ideen hinsichtlich einer Veränderung der professionellen Pädagogik innerhalb der Institution Schule zusammenzufassen.

Ich bin der Meinung, dass nach Prüfung der Voraussetzungen, auf denen Juuls Pädagogik aufbaut, sich ebenfalls eine „inklusive" Schulkultur aufbauen ließe. Jedoch in einer wesentlich gelasseneren, d. h. weniger emotional aufgeladenen Art und Weise, die den Veränderungen, die neben langfristigen strukturellen vor allem Veränderungen der bzw. der Aufbau eines Bewusstsein für eigene innere Haltungen und „Beliefs" der professionellen Pädagogen sind, die die notwendige Zeit und den Raum für ihre Entwicklung einräumen. Ich spreche hier von einem professionellen Introspektionsprozess. Denn neben der Bedeutung der Familie ist ein weiterer wesentlicher Faktor (ungeachtet etwaiger Notwendigkeiten im Bereich bildungspolitischer bzw. struktureller Veränderungen im Bildungssystem) die Volition bzw. intrinsische Motivation der Lehrkräfte, d. h., dass Lehrer im allgemeinbildenden Schulsystem von einer inklusiven Lernkultur überzeugt sein müssen und diese aktiv wollen (vgl. Klemm 2013). Dies impliziert, dass die Lehrer dazu bereit sind, ihre eigenen Einstellungen („Beliefs" (vgl. Simon 2012)) zu reflektieren und dieses am besten schon innerhalb ihrer Ausbildung unter professioneller Anleitung tun (vgl. Klemm 2013). Auf dieser Basis lässt sich innerhalb der Gesellschaft Inklusion weiter vorantreiben. Es zeigt sich, im Hinblick auf aktuelle empirische Befunde (vgl. ebd.), dass derzeit Veränderungsprozesse im Bereich der Institution Schule und der Etablierung einer inklusiven Lernkultur im Regelschulsystem zu verzeichnen sind. Diese sind zum Teil erst im Aufbruch begriffen, während vereinzelt bereits auf Erfolge und positive Erfahrungen verwiesen werden kann.

Die öffentliche Wahrnehmung von und die Sensibilisierung für das Thema Inklusion ist in den letzten Jahren stetig gewachsen. Sowohl Forschungsarbeiten und Studien als auch Praxiserfahrungen in der Entwicklung einer inklusiven Schule haben, besonders in den letzten zehn Jahren, enorm an Fahrt aufgenommen. Allerdings ist zweifelhaft, ob mit der Quantität der vorliegenden Erfahrungen und wissenschaftlichen „Erkenntnisse" ein proportionaler Anstieg der Qualität einhergeht. Vieles ist ausgesprochen, diverse Standpunkte stehen in der Debatte um Inklusion nebeneinander. Vieles ist jedoch noch unausgesprochen, einiges noch nicht (zu Ende) gedacht. Der Begriff der Inklusion kann sich daher von einer gewissen Unschärfe nicht mehr frei machen. Es herrscht viel Verwirrung darüber, was Inklusion denn nun eigentlich sei und wolle, obwohl die wissenschaftliche Betätigung in diesem Feld bereits auf eine über 25-jährige Tradition blickt. Für viele Beteiligte ist das frustrierend; für andere ist es ermutigend, zeigt es doch, dass es in der Umsetzung nicht *die* eine Lösung oder *die* ganz bestimmt zu gehenden Schritte auf dem Weg zum „Erfolg" gibt.

Lehrer fühlen sich häufig angesichts des „Neuen", das man von ihnen erwartet, überfordert. Viele von ihnen besuchen Weiterbildungen, um sich professionell zu entwickeln. Zugleich gibt es diverse mediale Veröffentlichungen zum Thema Inklusion: Filme, Dokumentationen, Projekte, Lehr- und Lernmaterialien, Ratgeber und Handreichungen für Eltern und Lehrkräfte etc. Allesamt mit dem Ziel, Inklusion vorzustellen, schmackhaft und greifbar zu machen. Inklusion lässt sich nicht über Nacht etablieren. Um ein tieferes Verständnis und die Einsicht in ihre Notwendigkeit für ein besseres gesellschaftliches bzw. gemeinschaftliches Zusammenleben zu erreichen, gilt es, eigene Erfahrungen zu machen und diese auch multiperspektivisch auszuwerten. Dennoch wird Inklusion deutlich verengt auf den Bereich der Schule und den Anwendungsbereich des gemeinsamen Lernens von Menschen mit und ohne Behinderung. Doch Inklusion ist zunächst viel mehr und spielt sich nicht nur im

Rahmen von Schule ab, sondern bedeutet vor allem eine *gesamtgesellschaftliche* Herausforderung, wie ich gleich noch zeigen werde.

## 4.1 „Inklusion" – eine Begriffsklärung

Ich lege mich im Folgenden auf dieses Verständnis von Inklusion fest:

„Wir verstehen unter Inklusion einen gesellschaftlichen Prozess, der auf allen – gesellschaftlichen und persönlichen – Ebenen danach strebt, die Vielfalt der Menschen zu würdigen. Jeder Mensch hat das Recht, in seiner Individualität und Potenzialität gesehen zu werden und als Gestalter(in) in einem entsprechend gestalteten Umfeld teilzunehmen" (Brokamp, zit. n. Dreher 2012, 36).

Diese Definition drückt alle Kernpunkte von Inklusion aus: den Prozess; die Vielfalt bzw. Heterogenität zu würdigen; die gesamtgesellschaftliche und persönliche Herausforderung; das Menschenrecht auf Inklusion, eingeräumt durch die UN-BRK (vgl. Ackermann 2012, 83); das Potenzial zum Aufbau bestimmter Fähig- und Fertigkeiten anzuerkennen, anstelle einer Beschränkung von vornherein; die Notwendigkeit, sich an die Bedürfnisse eines Menschen mit einer Benachteiligung anzupassen und ihm solche Bedingungen zu verschaffen, die diese Benachteiligung bestenfalls komplett aufheben. Eine Benachteiligung oder Behinderung wird demnach nicht mehr als persönliche Eigenschaft, sondern als eine im Rahmen von Interaktion erworbene Herabstufung verstanden, die auf dieser Ebene auch wieder zurückgenommen werden kann. Im letzten Merkmal aus o. g. Definition ist zugleich der m. E. wesentliche Unterschied zum Standpunkt der Integration ausgedrückt, die verlangt, dass sich der benachteiligte Mensch an die Gruppe anzupassen hat (die sich als „normal" und Maßstab ansieht) und dabei außer Acht lässt, inwiefern er diese bereichern kann bzw. in welchem Umfang sich die Gruppe an ihn anpassen könnte, um den Grad an Behinderung maximal zu senken. Auf Separation in Kleingruppen und eine damit verbundene Stigmatisierung bzw. Etikettierung wird innerhalb eines integrativen Settings nicht verzichtet. Der Theorie nach wäre dies in einem inklusiven Setting jedoch der Fall, denn

„[z]weifellos bezieht Inklusion alle Menschen ein. Sie geht weit über schulische Belange hinaus, erstreckt sich über die gesamte Lebensspanne und intendiert ein wert- und würdevolles soziales Zusammenleben aller Menschen. Inklusion strebt zweifellos nach Verbesserung der Lebensqualität über die gesamte Lebensspanne hinweg" (Bundschuh 2012, 102).

Bei Lüpke (zit. n. Wagner 2012, 118) findet sich eine allgemeinere Definition von Inklusion, nach welcher „[...] sich alle in all ihrer Unterschiedlichkeit als Teil des größeren gemeinsamen Ganzen der [...] Inklusionskultur verstehen und erfahren."

Diese Ansicht teilt auch Speck (zit. n. ebd.), der erklärt, Inklusion stehe „für einen Zustand des sozialen Eingeschlossenseins, für eine Zugehörigkeit zu einer Gemeinschaft und für ein Einbezogensein in lebensrelevante Kommunikationszusammenhänge. Gleichzeitig macht er [Speck, Anm. J.I.] aber darauf aufmerksam, dass es sich hierbei letztlich um eine Metapher handelt, die erst im Hinblick auf ein spezifisches Bezugssystem mit einer klaren inhaltlichen Bedeutung verbunden werden kann." Die letztgenannten Definitionen spiegeln im Wesentlichen auch die Auffassung der Inklusion bei Buber (verdeutlicht in Kap. 3.2) wider, was nachdrücklich die Relevanz seiner Position im derzeitigen Diskurs verdeutlicht.

Bundschuh fasst zusammen:

„Inklusion in allgemeiner sozialer Bedeutung zielt auf die Durchsetzung der uneingeschränkten Teilhabe und Teilnahme von Menschen mit Behinderung an allen gesellschaftlichen Prozessen vom Kindergarten über die Schule, bis zum Freizeit-, Wohn-, und Arbeitsbereich. Inklusion als pädagogische Aufgabe versucht das Leben und Lernen in der Gemeinschaft von Menschen mit und ohne Behinderung zu ermöglichen und durch didaktische und methodische Maßnahmen professionell zu unterstützen" (Bundschuh 2012, 110).

Dabei wird Inklusion im professionell pädagogischen Bereich

„[…] als Ermöglichung von Lern- und Entwicklungsprozessen in heterogen zusammengesetzten Lern- und Spielgruppen von Anfang an aufgefasst. Kinder mit und ohne Behinderung haben damit auf natürliche Weise Gelegenheit, voneinander zu lernen und von ihrer Unterschiedlichkeit zu Lern- und Entwicklungsprozessen angeregt zu werden. Aus diesem Grunde sollte Inklusion das gesamte Bildungswesen, schlichtweg das ganze Leben der Menschen umfassen" (Bundschuh 2012, 106f.).

Die inklusive Schule verzichte mit Heimlich (zit. n. Wagner 2012, 118):

„von vornherein auf jegliche Formen von Aussonderung. Alle Kinder und Jugendlichen eines Stadtteils, Wohngebiets oder Quartiers sind willkommen. Die Unterschiedlichkeit ihrer Lernbedürfnisse, Interessen und Fähigkeiten wird als Ausgangsbedingung jeglichen Bildungsangebotes angesehen."

Im inklusiven Diskurs gibt es einen großen „interpretativen Spielraum" (Ackermann 2012, 83) hinsichtlich einer genaueren Begriffsbestimmung von „Inklusion", weshalb Speck (s. o.) auch von einer Metapher spricht, die ein konkretes Bezugssystem verlangt. Für diesen Umstand gibt es mehrere Ursachen.

Zunächst wurde 1994 mit der Salamanca-Erklärung erstmals von "inclusion" gesprochen. Bei ihrer Übersetzung und in der Folge gleichfalls bei der UN-BRK wurde Inklusion mit Integration gleichgesetzt, da es für "inclusion" keine deutsche Entsprechung gab. Auch wird die These geäußert, man habe aus bildungspolitisch taktischen Gründen so übersetzt (vgl. Rittmeyer 2012, 46; Bundschuh 2012, 102f.; Reich 2012, 35f.). Rittmeyer bietet zur genaueren Differenzierung der

Begrifflichkeiten eine von Alfred Sander stammende, vierstufige Übersicht der historischen Phasen von Exklusion zu Inklusion an:

> „1. Exklusion: Kinder mit Behinderung sind von jeglichem Schulbesuch ausgeschlossen.
> 2. Separation oder Segregation: Kinder mit Behinderung besuchen eigene abgetrennte Bildungseinrichtungen (Sonderschulen).
> 3. Integration: Kinder mit Behinderung können mit sonderpädagogischer Unterstützung Regelschulen besuchen.
> 4. Inklusion: Alle Kinder mit Behinderung besuchen wie alle anderen Kinder Regelschulen, die die Heterogenität ihrer Schüler und Schülerinnen schätzen und im Unterricht fruchtbar machen" (Sander 2003, zit. n. Rittmeyer 2012, 44).

Rittmeyer dividiert in die Ebenen Theorie und Praxis und stellt fest, dass man sich theoretisch schon zwischen den Stufen 3 und 4, hingegen praktisch vornehmlich auf Stufe 2 mit „gleichzeitig geringanteiliger Integration", d. h. Stufe 3, befände (vgl. ebd.; Bundschuh 2012, 104).

Letztlich sorgt auch der „interpretative Spielraum" für wenig Aufklärung. Unterschiedliche theoretische Standpunkte haften dem Inklusionsbegriff bestimmte Deutungshorizonte an. Ackermann führt diesen Umstand auf die im aktuellen Diskurs verbreitete Vermischung zweier Ebenen, der faktischen einerseits und der programmatischen Ebene andererseits, zurück (vgl. Ackermann 2012, 89, 97). Es kommt kein Dialog zustande, denn man redet aneinander vorbei (vgl. ebd.) und setzt so falsche Limitierungen, d. h., man bremst neue Entwicklungen aus, indem man quasi abwinkt. Während die eine Seite vom derzeit Möglichen bzw. Machbaren argumentiert, also den Flügel der Realisten bedient, befasst sich die andere Seite vor allem mit den Zielen der innovativen Gestaltung einer künftigen inklusiven Bildungslandschaft und formuliert Werte, die für ihre Entwicklung das Fundament bilden könnten (vgl. ebd.). Insofern kann man die andere Seite entweder kritisch als Utopisten oder Idealisten oder (und m. E. vor allem) als Entwickler oder Gestalter der Inklusion in Deutschland betrachten.

„Diese beiden Ebenen sind so miteinander in Beziehung zu setzen, dass die eine nicht gegen die andere ausgespielt wird. Dies bedeutet aber auch, die zu Tage tretenden Widersprüche zwischen Faktizität und Intentionalität wahrzunehmen, zuzulassen und auszuhalten" (Katzenbach/Schroeder, zit. n. Ackermann 2012, 97).

Sodann ist der Weg für einen Dialog geebnet.

Allgemein akzeptiert wird der Verweis auf den Rechtsrahmen. Neben der genannten Salamanca-Erklärung ist das zentrale Dokument im inklusiven Diskurs die UN-Behindertenrechtskonvention („UN-BRK"), die Deutschland im Juli 2007 unterzeichnete, im Dezember 2008 ratifizierte und im März 2009 für wirksam erklärte (vgl. Rittmeyer 2012, 46). Die BRD verpflichtete sich, dafür zu sorgen,

„den vollen und gleichberechtigten Genuss aller Menschenrechte und Grundfreiheiten durch alle Menschen mit Behinderungen zu fördern, zu schützen und zu gewährleisten und die Achtung der ihnen innewohnenden Würde zu fördern" (Art. 1 UN-BRK).

Dabei folgen alle unterzeichnenden Staaten den folgenden allgemeinen Grundsätzen:

„a) die Achtung der dem Menschen innewohnenden Würde, seiner individuellen Autonomie, einschließlich der Freiheit, eigene Entscheidungen zu treffen, sowie seiner Unabhängigkeit; b) die Nichtdiskriminierung; c) die volle und wirksame Teilhabe an der Gesellschaft und Einbeziehung in die Gesellschaft; d) die Achtung vor der Unterschiedlichkeit von Menschen mit Behinderungen und die Akzeptanz dieser Menschen als Teil der menschlichen Vielfalt und der Menschheit; e) die Chancengleichheit; f) die Zugänglichkeit; g) die Gleichberechtigung von Mann und Frau; h) die Achtung vor den sich entwickelnden Fähigkeiten von Kindern mit Behinderungen und die Achtung ihres Rechts auf Wahrung ihrer Identität" (Art. 3 UN-BRK).

Für die Gestaltung eines inklusiven Bildungssystems gilt der Art. 24 der UN-BRK als richtungsweisend (vgl. Seelig, in: Jantowski 2013, 111-114), ebenso wie der „Index of Inclusion", der, von Tony Booth stammend, von Andreas Hinz und Kollegen ins Deutsche übersetzt wurde. Ein inklusives Bildungssystem ist äußerst bedeutsam für gelingende Inklusion und dennoch, so dürfte klar geworden sein, ist es nur *ein* relevanter Bereich gelingender Inklusion. Die UN-BRK ist „allumfassend" (Rittmeyer 2012, 45). Die Verantwortung für ihre Umsetzung ist daher ausdrücklich gesamtgesellschaftlich, d. h. sowohl kollektive als auch Aufgabe jedes Einzelnen (vgl. ebd.). Besonders hingewiesen sei an dieser Stelle darauf, dass Inklusion nicht nur für die Rechte von Menschen mit Behinderung eintritt: „Behinderung ist nur *ein* Aspekt der Heterogenität der Schüler(innen) neben geschlechtlicher, ethnischer, kultureller, religiöser und sozialer Verschiedenheit" (Bundschuh 2012, 103 [meine Hervorhebung]), wobei diese Liste sich noch erweitern ließe (vgl. Wagner 2012, 118).

In Bezug auf ein inklusives Bildungssystem gerät man leicht in die Versuchung, den Inklusionsbegriff vor allem (bildungs-)politisch auszudeuten (siehe Ackermann 2012, 95). Ich finde diese Position deshalb gefährlich, weil Inklusion, vor dem Hintergrund des ökosystemischen Ansatzes nach Urie Bronfenbrenner, damit lediglich auf der Makroebene bedeutsam wird. Dies führt wiederum dazu, dass gesellschaftliche Veränderungen im Sinne der Inklusion als Anordnung „von oben" gewertet werden. Wesentlich bedeutsamer finde ich die Verdeutlichung der Relevanz gesellschaftlicher Veränderungen auf der Mikro- und Meso-Ebene. Das heißt im intra- und interpersonellen Bereich, aber auch im „Person-Institution-Verhältnis". Würden Familien und Lehrer, im Sinne der Erzeugung inklusiver Beliefs, die Veränderungsprozesse „von unten" initiieren, wäre das gesamte Vorhaben wesentlich authentischer aufgestellt. Schule und Familie veränderten sich von innen heraus, unter besonderer Berücksichtigung ihrer *eigenen Voraussetzungen* (vgl. auch Juul 2013e, 155ff.).

Aus systemtheoretischer Sicht schottet sich jede einzelne Schule als eigenes System, mit immanenter Entwicklungslogik („Autopoiesis") nach außen ab. In ihr gibt es ein spezifisches Klientel, spezifische Normen, Ansichten, Werte und Problemlagen, die es letztlich in keiner zweiten Schule noch einmal gibt. Deutet man den Inklusionsbegriff vornehmlich bildungspolitisch, so übersieht man m. E., dass *vor* strukturellen Änderungen (z. B. Reformen), vor allem Lehrer und Schüler, die von der Sache überzeugt sind, ein viel stärkerer Motor für Veränderungsprozesse sind. Bei ihnen gilt es anzufangen, da man m. E. andernfalls vor allem Resistenz (vgl. Bundschuh 2012, 101, 110), Planlosigkeit und Überforderung evoziert. Selbstverständlich müssen Politik und Recht flankieren (vgl. Kronauer, zit. n. Ackermann 2012, 96), aber sie darf eben nicht diktieren, auch wenn sie sich im Zugzwang befindet.

## 4.2 Grenzen der schulischen Inklusion

Sparzwänge, z. B. derart, nach gewisser Zeit sonderpädagogisches Personal an inklusiven Schulen zu reduzieren, aber auch die Altersstruktur der jetzigen Sonderpädagogen, die 2020 zu einem Drittel pensioniert wird, und die Befürchtung, die dann offenen Stellen würden weggekürzt, sind lediglich oberflächliche Barrieren in der Schaffung eines inklusiven Bildungssystems (vgl. Rittmeyer 2012, 52).[8] Sie beschreiben Herausforderungen im Inklusionsprozess.

Ich möchte vielmehr einen Schritt zurücktreten und in Frage stellen, dass man mit den dargestellten Ansprüchen an ein inklusives Bildungssystem jedem Schüler gerecht werden kann. Speck trifft den Kern skeptischen Denkens hinsichtlich einer flächendeckenden Inklusion und der gleichzeitigen Abschaffung der Förderschule, wenn er darauf verweist, es

„[…] besteht die Gefahr, dass bei der gegenwärtigen Priorisierung des Prinzips der sozialen Teilhabe nicht nur die spezielle Lernförderung zu kurz kommt, sondern auch das persönliche Bedürfnis bestimmter Schüler nach einer psychisch und sozial adäquaten Lernumgebung. Es fühlt sich nicht jedes lernende Kind in jeglicher Umgebung wohl. Auch in der ‚inklusiven' Schulklasse kann sich ein Kind ‚exkludiert' fühlen" (Speck, zit. n. Rittmeyer 2012, 52).

---

[8] Hier sei auch verwiesen auf entsprechende Studien von Klemm und Preuß-Lausitz, die allerdings für den Rahmen dieser Studie nicht von Belang sein dürften. Dabei geht es um die konkrete Finanzierung eines inklusiven Bildungssystems, um der These „Inklusion ist unbezahlbar" entgegenzuwirken.

Eine spezifische (sonder-)pädagogische Förderung wird für manche Kinder weiterhin unerlässlich sein. Dies bedeutet jedoch, sie zeitweise von ihrer Schulklasse zu separieren, sie also bewusst vom allgemeinen Unterrichtsbetrieb auszuschließen. Sodann ist eine solche Schule jedoch nur noch integrativ, nicht aber inklusiv. An der Möglichkeit einer vollkommen inklusiven Schule lassen sich auf beiden Ebenen, faktisch wie programmatisch, erhebliche Zweifel anmelden. Dabei möchte ich einige Faktoren skizzieren, die diese Zweifel nähren.

Zunächst der Verweis auf fehlende Anschlussmöglichkeiten. Während im Grundschulbereich bereits vielfach integrativ und in Ansätzen inklusiv unterrichtet wird, werden z. B. die Schüler mit einer geistigen Behinderung nach Beendigung der Grundschulphase in Ermangelung von weiterführenden inklusiven Schulen mehr oder minder ausnahmslos an eine Förderschule verwiesen (vgl. Bonfranchi, zit. n. Ackermann 2012, 88; Bundschuh 2012, 111).

Der zeitweise Besuch einer inklusiven Regelschule verletze somit die Würde dieser Schüler, da „[...] an Stelle einer optimalen [sonderpädagogischen, Anm. J.I.] Förderung die Integration gesetzt werde [...], bzw., dass diese Kinder in der Inklusion permanent überfordert würden" (ebd.). In einer Förderschule könnten diese Kinder von Anfang an besser gefördert werden, weil in diesem geschützten und mit einer geringeren Klassenstärke versehenen Rahmen anders auf die Kinder eingegangen werden kann. Der Förderschullehrer ist in diesem Setting möglicherweise eher dazu in der Lage, sich auf die Bedürfnisse des Einzelnen einstellen. In einer inklusiven Schule wäre ein geistig behindertes Kind zwar eine Bereicherung für seine nichtbehinderten Mitschüler, sich in Toleranz und Wertschätzung zu üben, allerdings muss das behinderte Kind nicht unbedingt ebenfalls von diesem unruhigen bzw. reizintensiven Setting profitieren. Auch läuft es nicht minder Gefahr, exkludiert zu werden.

„Im Mittelpunkt steht die einzelne Person, das Subjekt mit seiner jeweils individuellen Entwicklung. Emotionales Wohlbefinden spielt für die Personalisation im Sinne der Entfaltung einer Person eine bedeutende Rolle [...]. Insofern erscheint es pädagogisch eher vertretbar zu sein, ein Kind mit erheblichen Lernproblemen in einer Schule mit einem entsprechenden Förderschwerpunkt wie z. B. Lernen, geistige Entwicklung, Verhalten, Sehen zu unterrichten, als es in der Regelschule bzw. Allgemeinen Schule zum permanenten Schulversager mit allen Konsequenzen für den Persönlichkeitsbereich (Ängste, totaler Motivationsverlust, Frustration) werden zu lassen" (Bundschuh 2012, 109).

Die Entscheidung, ob ein Kind mit einer Benachteiligung oder Behinderung inklusiv oder sonderpädagogisch beschult wird, darf nicht qua gesetzlichem Zwang geregelt sein, sondern muss vor allem die freie Entscheidung des Kindes und der Eltern bleiben dürfen. Hier muss in der Praxis bzw. auf institutioneller Ebene eine stärkere

Einbeziehung der eigentlichen Entscheider (Eltern und Kind) forciert, derweil bürokratische Hürden abgebaut, werden. Dies hat die UN-BRK legitimiert. Es gibt eine Wahl: Es gibt einen Anspruch auf inklusiven Unterricht im Regelschulbetrieb. Ebenso besteht das Recht, entscheiden zu dürfen, dass mein Kind keine inklusive Schule besuchen soll. Nur darum beruft sich Ackermann schließlich auf das Hauptanliegen von Pädagogik, welches in seinen Augen die Bildung in einem weiten Sinne ist. Ihr gebührt die pädagogische Priorität. Erst danach käme für ihn die Ermöglichung aktiver sozialer Teilhabe (vgl. Ackermann 2012, 86ff.).

Auf dieser faktischen, an aktuellen Umständen im Umsetzungsprozess ausgerichteten Ebene, wird die inklusive Schule umformuliert als „eine integrative, völlig aussonderungsfreie Reformschule, die all ihren Kindern [...] die individuell optimale Bildung und Erziehung vermitteln will (Sander, zit. n. Bundschuh, 2012, 104). Des Weiteren wird eine veränderte Lehrerausbildung und, jener implizit, eine veränderte Erziehungswissenschaft, Sonderpädagogik und Didaktik gefordert, ohne die sich Inklusion im Rahmen der Schule nicht weiterentwickeln könne. Dazu gehöre neben der, bereits angesprochenen, allerdings noch stärker voranzutreibenden und tatsächlich notwendigen, Verzahnung von Allgemeiner und Sonderpädagogik insbesondere die Beendigung der Verteilung angehender Lehrer auf bestimmte Förderschwerpunkte (vgl. ebd.). Es wird beklagt, es fehle immer noch an einem *eindeutigen* theoretischen wie anthropologischen, d. h. auf ein bestimmtes Menschenbild ausgerichteten, wissenschaftlichen Fundament von „Inklusion" (vgl. Giese, zit. n. Bundschuh 2012, 105).

Meines Erachtens brauchen Kinder die Unbefangenheit im Umgang mit anderen Kindern, die als ‚behindert' bezeichnet werden, nicht erlernen. Sie sind von Natur aus unbefangen. Der Umgang mit auf Defizite und Diagnosen orientierten Erwachsenen lässt sie diese natürliche Haltung erst verlernen. Umso bedeutender ist der Einfluss der Eltern und Verwandten sowie Erzieher und Lehrer zu bewerten, die die zentralen Bezugspersonen und Vorbilder für das Kind sind. Neben einer aktiven Teilnahme und Teilhabe von Kindern mit und ohne Behinderung im gemeinsamen Lernen trägt darum das (reflektierte) Führen des Erwachsenen (im Sinne Juuls), hier im Hinblick auf den persönlichen Ausdruck der eigenen inklusiven Haltung, ebenso zum Gelingen des Inklusionsprozesses bei. Stigmatisierendes Verhalten übernehmen Kinder unreflektiert, produzieren es also nicht bewusst selbst. Bekräftigen kann dieses Argument auch eine wirtschaftliche Sicht auf Schule, in der Schüler lediglich durchlaufende Posten darstellen. In den oberen Klassen ausgeräumte Probleme können sich in den unteren Klassen mit neuen Schülern wieder erneut in ähnlicher Weise stellen. Es kommt daher sowohl auf die veränderte Perspektive der Eltern als auch auf die gewonnene Erfahrung der Lehrer und Erzieher im Bereich inklusiven Unterrichts / inklusiver Erziehung an, die das Auftauchen ähnlich gelagerter Probleme präventiv abbauen helfen könnte.

Man muss auf der Hut sein, „Inklusion" nicht zu einem neuen Etikett zu stilisieren. Ohne ausreichend geschaffene pädagogische Bedingungen braucht kein gemeinsamer Unterricht stattzufinden (vgl. Bundschuh 2012, 109). Es gibt weiterhin eine Gruppe von 10 - 20 % von Kindern mit Behinderung, für die die inklusive Beschulung nur schwer oder unmöglich erscheint (vgl. Wagner 2012, 119). Gibt es also eine „Schule für alle" oder nur eine „Schule für die meisten", nämlich die „Inklusionsfähigen", getrennt von den „Inklusionsunfähigen" (Wagner 2012, 120)?

Wocken spricht von der Notwendigkeit zweier Systeme innerhalb eines inklusiven Bildungssystems, will man alle Kinder mit Behinderung inkludieren. So gäbe es künftig etwa für alle

„[…] Kinder und Jugendliche mit den Förderschwerpunkten Lernen, Sprache, emotional [sic!] und soziale Entwicklung […] das ‚inklusive Regelsystem'", während für „Kinder mit den Förderschwerpunkten Sehen, Hören, geistige Entwicklung, körperliche und motorische Entwicklung […] das ‚inklusive Unterstützungssystem'" (Wocken, zit. n. Wagner 2012, 119) prädestiniert sei.

Letzteres dergestalt, dass Kinder mit diesen Förderschwerpunkten ebenfalls eine inklusive Schule besuchten, jedoch zusätzliche ambulante sonderpädagogische Förderung durch Fachkräfte, eingesetzt als Springer, erhielten (vgl. ebd.). Reiser fordert in Abgrenzung dazu den Fortbestand sonderschulischer Einrichtungen im neuen begrifflichen Gewand einer „rehabilitativen Einrichtung"(!) (vgl. ebd.). Abgesehen von der sofortigen Assoziation zu Delinquenz, zeigt der Einblick hier besonders die Breite des Diskurses um die Grenzen schulischer Inklusion.

„Will sich die Idee der Inklusion, gemessen an ihren eigenen grundlegenden Überzeugungen und Forderungen, im Hinblick auf das System ‚Schule' nicht selbst ad absurdum führen, so muss die Zielvorstellung für die inklusive Schule der Zukunft notwendigerweise eine ‚Schule für alle' sein" (Wagner 2012, 120).

Auf programmatischer Ebene müssen entsprechende Schulkonzepte erdacht und in einem Dialog aus Theorie und Praxis reflektiert werden. Unabhängig vom Schweregrad ihrer Benachteiligung wäre es m. E. vorstellbar, die Möglichkeit zur Begegnung und zum Austausch im Rahmen eines offenen Hauses zu schaffen, in welchem es inklusiven Unterricht für alle Kinder gibt und zusätzliche sonderpädagogische Abteilungen für spezifische Förderung von z. B. mehrfachbehinderten Kindern. In diesem Zusammenhang werden Konzepte des projektorientierten Unterrichts, der Freiarbeit, der jahrgangsübergreifenden Stammgruppen anstelle von Schulklassen und des informellen, selbstgesteuerten Lernens diskutiert, in der der Lehrer die veränderte Rolle eines Beraters und Moderators einnimmt (vgl. z. B. Pitsch 2012, 66ff.; Wagner 2012, 122ff.). Die unüberschaubare Fülle an didaktischen und theoretischen Implikationen einer „Schule für alle", die holistisch eine „inklusive Didaktik" speisen, verdeutlicht Markowetz (2012, 149). Wagner entwirft in seinem Beitrag eine „inklusive Schule für alle", begründet nach seinen Vorstellungen, die er grafisch im folgenden Modell veranschaulicht (Abb. 5).

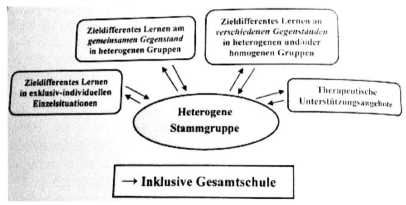

Abb. 5: „Strukturmodell einer ‚Schule für alle'" (Wagner 2012, 124).

Das hier verdeutlichte Modell böte den Schülern als Gesamtschule den Erwerb unterschiedlicher Bildungsabschlüsse an. Auf Separation würde dabei verzichtet. Die Schule hält ausgehend von der heterogenen Stammgruppe, je nach Bedarf, verschiedene Lernarrangements vor. Dieses reichhaltige Angebot wird durch die Bereitstellung eines „multiprofessionellen Teams" gewährleistet. Optional können therapeutische Angebote wahrgenommen werden (vgl. ebd.). Eine solchermaßen aufgebaute Schule kann der Vielfalt der Schüler gerecht werden. Allerdings wird in dieser Skizze nichts über den Fortbestand einer selektiven Diagnostik ausgesagt, die zur Inanspruchnahme der diversen Lernarrangements zuvor einen sonderpädagogischen Förderbedarf diagnostiziert. Ein derartiges Prozedere liefe den inklusiven Bestrebungen ebenfalls entgegen und produziere allenfalls integrative Rahmenbedingungen.

Zum Abschluss des Blicks auf die Grenzen schulischer Inklusion sei wiederum ein letzter Blick auf die Ebene des Faktischen geworfen, die eine mögliche Freude über das obige programmatische Modell jäh trübt:

> „Zusätzliche Stunden und freie Räume, um differenzierte Angebote für Einzelne oder kleine Gruppen machen zu können, sind weder vorhanden noch förderfähig. Schulbegleiter als individuelle Maßnahme für einzelne, besonders ‚schwierige' Schüler werden nur in Ausnahmefällen genehmigt und widersprechen in ihrer Konstruktion als individuelle Eingliederungsmaßnahme nach dem SGB per se dem Inklusionsgedanken (Sonderbetreuung ausschließlich für dieses Kind). Es wird Aufgabe der nächsten Jahre sein, Konzepte zu entwickeln, wie der Spagat zwischen den Chancen gemeinsamen Lernens und der Aufgabe individueller Förderung auch unter erschwerten Bedingungen geleistet werden kann. Organisation und Umfeld eines Förderzentrums bieten hierfür möglicherweise günstigere Rahmenbedingungen als inklusive Settings an Regelschulen" (Ratz/Reuter 2012, 220f.).

## 4.3 Jesper Juuls Ansichten über professionelle Pädagogik in der „Schule von morgen"

In seinem Buch *Schulinfarkt – Was wir tun können, damit es Kindern, Eltern und Lehrern besser geht* pointiert Juul seine Position hinsichtlich einer veränderten professionellen Pädagogik und der Institution Schule, und setzt sich innerhalb eines Interviews mit Ideen einer „Schule für morgen" auseinander.

In seiner Bestandsaufnahme der aktuellen Missstände unseres Bildungssystems konstatiert Juul, es fehle an einem „humanen Fundament" (Juul 2013e, 156). Allzu oft stünden nicht Kinder und Menschen im Zentrum pädagogischen Bemühens, sondern sie würden vornehmlich in ihrer *Funktion* als Schüler betrachtet. Es geht um Leistung und nicht um Persönlichkeit, Anerkennung und Beziehung, und so wagt er die These: „Die Lehrer mögen noch etwas von Methodik und Lernpsychologie verstehen, aber das war's dann auch. Ein Menschenbild hat unsere Schule überhaupt nicht" (ebd.). Insofern stimmt Juul mit einigen unter Kap. 4.2 dargestellten Ansichten überein: Es fehle eine ethische Haltung und eine anthropologische Grundlage, die unsere Bemühungen im Aufbau eines neuen, besseren Bildungssystems fundieren, allerdings mit dem Unterschied, dass Juul mit seinem Konzept eigene konkrete Vorschläge zur inhaltlichen Ausgestaltung abgibt, die nun in aller Kürze zusammengefasst werden sollen.

Juul verweist auf seinen Ansatz der Beziehungskompetenz, die im Wesentlich auf vier Säulen ruhe:

„Erstens: Wie gestaltet man einen guten Dialog mit einzelnen Kindern? Zweitens: Wie führt man sinnvolle Dialoge mit Gruppen, also mit Klassen? Drittens: Wie spricht man mit den Eltern, vor denen die meisten Lehrer ja so viel Angst haben? Und viertens: Was ist eigentlich unter Führung zu verstehen? [...] Diese vier Säulen fehlen in der Lehrerausbildung" (Juul 2013e, 157).

Eine weitere Übereinstimmung mit den unter 4.2 genannten Autoren, nach der die Lehrerausbildung reformiert und speziell um Wissen der Beziehungsgestaltung und dialogischen Interaktion erweitert werden müsse. Die vier Säulen werden ausführlich bei Juul (2012f) behandelt.

Das Primat der Wissensvermittlung tritt zurück, zugunsten eines Bewusstseins über den Einfluss auf und der Verantwortung „für die Wahrnehmung, das Selbst- und Fremdbild der Schüler" (Juul 2013e, 158). Beliebte Instrumente der Gehorsamskultur gilt es schrittweise zu eliminieren, will sich Schule weiterentwickeln. Dazu gehören Lob, Tadel und Zensuren. An ihre Stelle tritt für Juul die Anerkennung, die Ausdruck der Beziehungskompetenz ist und zugleich die existenzielle Bedeutung zur Entwicklung des Selbstwertgefühls und der persönlichen Integrität enthält, die diesen alten, lediglich konditionierenden Instrumenten fehlt (vgl. Juul 2013e, 158f.; siehe auch Abb. 2).

Im Zuge der Anreicherung der quantitativen Dimension des Selbstwertgefühls empfiehlt Juul, die Introspektion innerhalb pädagogischer Settings zu befördern, indem man von einem auf Information und Fakten beruhenden Unterricht Abstand nimmt zugunsten eines wahrnehmungsorientierten Unterrichts (vgl. Juul 2012f, 83f.). Die Forderung nach Beziehungskompetenz innerhalb pädagogischen Handelns der Schule trägt auch dem Umstand der Verschiedenheit Rechnung. Auf Kinder muss stärker individuell eingegangen werden, wenn der Lehrer sie ernst nehmen will (vgl. Juul 2013e, 159). Juul betont die Wichtigkeit von Gleichwürdigkeit in der Beziehung zwischen Erwachsenem und Kind, insbesondere zwischen Lehrer und Kind. Sich wechselseitig wahr- und ernstzunehmen, ist für Juul eine der wichtigsten Voraussetzungen für erfolgreiches Lernen (ebd., 160). Momentan herrschen jedoch vor allem Zwang, Pflicht und negativer Stress, was auch ein aktueller SPIEGEL-Artikel bestätigt (vgl. Bartsch, Friedmann et al. 2013).

Juul plädiert dafür, Kinder aktiv in Entscheidungsprozesse einzubeziehen, anstatt über ihren Kopf hinweg für sie zu entscheiden. Dies drücke schließlich das nötige Vertrauen in sie aus und lässt sie echtes Interesse an ihrer Meinung erkennen (vgl. Juul 2013e, 160). Die Haltung des Nicht-Wissens und die Bereitschaft zum Dialog würden dazu beitragen, dass Lehrer und Schule, und umgekehrt auch Schüler, nahbarer werden. Momentan scheinen wir jedoch weit davon entfernt: „Was die deutsche Schule betrifft, so glaube ich manchmal, dass sie sich gar nicht mehr reparieren und verbessern lässt. Man müsste mit Leuten, die wissen, was sie tun, ganz von vorn anfangen" (Juul 2013e, 161f.). Den letzten Satz kann man zweifach deuten: Es benötigt wirklich Experten, die bereit sind, sich daran zu machen, ein neues Bildungssystem zu entwerfen. Dies könnte ein Team aus Wissenschaftlern, Praktikern und Bildungspolitikern sein, möglicherweise auch zusätzlich verstärkt durch Schüler und ihre Eltern. Zum anderen spielt dieser Satz m. E. auf das Ethos vieler deutscher Lehrer an, die sich ihrer Sache allzu gewiss sind und keinerlei Bereitschaft vermuten lassen, neu zu denken und verantwortlich zu handeln. Sie sind quasi betriebsblind (vgl. Juul 2013e, 167).

„Es muss, was die Schule betrifft, dringend einen Paradigmenwechsel geben, […] in dessen Zentrum unser Vertrauen in die Kompetenzen der Kinder steht, […] darauf, dass unsere Kinder gern kooperieren, nicht nur mit ihren Eltern, sondern auch mit den Lehrern" (Juul 2013e, 162f.).

Die Schule von morgen ist für Juul eine Schule, „die sich an den Bedürfnissen der Kinder orientiert" (Juul 2013e, 163). Die Einsicht in einen „Paradigmenwechsel" akzeptieren viele Politiker, Lehrer und Eltern jedoch nicht. Sie verdrängen zumeist noch die Notwendigkeit eines radikalen Abschieds und Neubeginns und fordern mit allem Nachdruck den flächendeckenden Ausbau der Ganztagsschule, was Juul mit folgendem Szenario aufgreift:

„[…] in zehn bis fünfzehn Jahren wird es nur noch Ganztagsschulen geben, weil wir diese Reservate haben wollen, in denen unsere Kinder von acht bis siebzehn Uhr untergebracht sind. Das ist administrativ viel einfacher und findet auch die Zustimmung der Eltern" (Juul 2013e, 164).

Stattdessen müsste man auf anderer Ebene ansetzen und sich z. B. Gedanken über eine bessere Vereinbarkeit von Familie und Beruf und eine gerechte Entlohnung machen, jenseits von monetären Anreizen (Kinder-, Eltern-, Betreuungsgeld) und jenseits der Ganztagsschule als generellem Zukunftsmodell. Die Zukunft kann niemand vorhersagen und doch meinen wir zu wissen, was Kinder für diese am nötigsten bräuchten (vgl. ebd.). Juul fordert darum im Rahmen professioneller Pädagogik, aber auch elterlicher Erziehung, Flexibilität und Kreativität sowie Selbstständigkeit und Eigenverantwortung als die zentralen „Qualitäten […], die jeder Gesellschaft von Nutzen sind" (ebd.) zu fördern.

Deutschland hat auf institutioneller Ebene mit Vertrauen in ihre Nutzer keine Erfahrung. Die kürzlich aufgeflammte Diskussion über die Erlaubnis zum „Home-Schooling" und der Umwandlung der Schulpflicht in eine Bildungspflicht oder weitergehend in ein Recht auf Bildung (vgl. dazu Juul 2013e, 21ff.) zeigt vor allem, wie pflichtverbunden, gehorsam und loyal die deutsche Bevölkerung noch immer ist. Sie fordert nur „mehr Regeln, Strafen und Konsequenzen" (Juul 2013e, 167). Auch wenn Erfahrungen in anderen europäischen Ländern zeigten, dass die Inanspruchnahme des Home-Schoolings nur einen verschwindend geringen Prozentsatz ausmache, wird in Deutschland befürchtet, es könne durch dieses Zugeständnis zu massenhafter Schulverweigerung kommen und zu unkontrollierbaren Zuständen in der Anerkennung von qualifizierenden Bildungsabschlüssen. Buchstäblich ist dies die „Kultur des Misstrauens", die Palmowski (2004) bespricht und die Veränderungen im Keim zu ersticken vermag.

Kreativität ist eine der wichtigsten Ressourcen der Schule und benötigt zu ihrer Entfaltung Freiheit – besonders von bürokratischen, schulbehördlichen und bildungspolitischen Hürden. Nimmt man Lehrer mehr als Fachkräfte wahr, verbessert sich das Ansehen ihrer Profession. Diese brauchen als selbstverständlichen Teil ihrer Arbeit regelmäßige Fortbildungen und Supervision, um sie zu „verwöhnen", meint Juul (ebd., 168f.). Das erhöht schließlich die Begeisterung bzw. intrinsische Motivation sowie das Engagement für die eigene Arbeit und kann dann auf die Schüler überspringen (vgl. Juul 2013b, 81ff.), besonders dann, wenn sie in erhöhtem Maße eigenverantwortlich gefordert werden (vgl. Juul 2013e, 175).

Wenn die Zukunft als unbestimmbar erscheint, so ist es auch die ‚perfekte' Schule. Juul erklärt, dass eine Gesellschaft, die Vielfalt leben will, nicht auf *den einen* Typ von Schule setzen dürfe. Vielmehr erfordere die Vielfalt der Menschen auch das Vorhandensein vielfältiger Bildungsangebote entsprechend der unterschiedlichen Bedarfe: „Dabei braucht jede Gesellschaft sechs bis acht verschiedene Arten von Schulen" (Juul 2013e, 173). Hinsichtlich der Idee einer Schule für alle äußert Juul:

„Es gibt [...] Kinder, die überhaupt nicht in eine demokratische Schule passen. Es gibt Kinder, die in Montessorischulen – so gut sie auch gemeint sein mögen – eine furchtbare Zeit erleben. Der Traum von einer Schule, die für alle Kinder richtig ist, birgt eine große Gefahr. Man muss aufpassen, dass neue Initiativen nicht den Fehler des alten Systems [des Gehorsams, Anm. J.I.] wiederholen, indem man sich einredet, wie die perfekte Schule aussieht. Denn wenn ein Schüler da nicht hineinpasst, wird er schon wieder als falsch betrachtet. Wenn das passiert, [...] dann stehe ich nicht dahinter" (ebd.).

Auch wenn Juul nicht explizit von der inklusiven Schule spricht, so ist seine Position doch deutlich und stimmt in den Kanon der unter Kap. 4.2 dargestellten Meinungen über die Grenzen schulischer Inklusion ein, auch wenn er an anderer Stelle deutlich macht, „dass es für die Gemeinschaft ein enormer Vorteil ist, wenn sie die

Unterschiedlichkeit ihrer Mitglieder anerkennt und willkommen heißt, statt sie auszugrenzen" (Juul 2013e, 43; vgl. Juul 2013c, 84; vgl. Juul 2013d, 37).

Dass eine neue Art von Schule zwingend mit mehr Kosten einhergehe, weist Juul zurück. Vielmehr verhielte es sich so, dass das jetzige Schulsystem stetig teurer werde, weil es eine konstante Quote[9] von Schulverweigerern und Schülern ohne Schulabschluss produziere. Diese als ‚Bildungsverlierer' gebrandmarkten Jugendlichen kosten den Staat jährlich viele Millionen Euro. Juul meint, dieses Geld könne dafür verwendet werden, das Bildungssystem zu erneuern und zu verbessern, sodass in Zukunft quasi keine ‚Bildungsverlierer' entstünden (vgl. Juul 2013e, 176).

Zu diesem Zweck engagiert sich Juul für die Organisation L4WB (Learning for Wellbeing). Er sah als einer von acht Referenten das endgültige Konzept dieser Organisation durch und inspirierte es zugleich.[10]

Juul sieht Schüler und Lehrer als Opfer des Bildungssystems, das diese auf Dauer krank mache. Auch hier geht es wieder um die Bewusstheit der eigenen Verantwortung und nicht um die Schuldfrage. Zur Verbesserung ihrer Situation sollten Lehrern solche Kompetenzen vermittelt werden, die sie heute noch nicht besitzen und die nicht Teil ihrer Ausbildung sind (vgl. Juul 2013e, 178). Schüler können empathisch angeleitet werden, mehr in Kontakt mit sich selbst zu kommen (vgl. Juul 2013e, 181f.; konkrete Übungen siehe Juul et al. 2012e).

„Wenn wir die alte Gehorsamskultur endlich in eine neue Kultur der Verantwortung uns selbst und den anderen gegenüber verwandeln wollen, brauchen wir Vertrauen in uns und in die anderen. Und die Kraft und den Mut, diesen Schritt aus der Abhängigkeit heraus zu wagen. Lehrerinnen und Lehrer sind, neben den Eltern, die wichtigsten Erwachsenen im Leben der meisten Kinder und Jugendlichen. Ihre Aufgabe ist nicht nur die Vermittlung von Unterrichtsstoff. Zuallererst geht es darum, junge Menschen so zu begleiten, dass sich in ihnen die größtmögliche Lebenskraft und soziale Kompetenz entwickeln kann. Und es stimmt, dafür wurden die Lehrer nicht ausgebildet. Das ändert jedoch nichts an der Notwendigkeit. Es verdeutlicht nur, dass wir am Anfang der nötigen Veränderungen stehen" (Juul 2013e, 183).

---

[9] Ein fester Bestandteil von 6,5 % der Schüler in Deutschland sind den Anforderungen des Bildungssystems nicht mehr gewachsen. Sie verlassen die Schule ohne Hauptschulabschluss (Bildungsbericht 2012, 95f.) und benötigen intensive Förderung, um ihre ungünstigen Startbedingungen überwinden zu können und eine Lebensperspektive jenseits von Langzeitarbeitslosigkeit und der Abhängigkeit von staatlichen Hilfen zu erreichen. Aber auch 25,2 % der Schüler erwerben „nur" einen Hauptschulabschluss (ebd.). 2011 landeten 300.000 Jugendliche im Übergangssystem (Bildungsbericht 2012, 7f.; 103ff.; 117ff.).

[10] Unter www.learningforwellbeing.org findet sich zum Download eine ausführliche und eine Kurzfassung des Konzepts von L4WB. Außerdem ist eine Evaluationsbericht über die Ergebnisse im Zeitraum 2009-11 abrufbar. L4WB versteht sich als weltweiter Zusammenschluss verschiedener Akteure der gesamten Gesellschaft, die im gemeinsamen Austausch konkrete und begründete wissenschaftliche Fakten herausarbeiten, die klarmachen, durch welche Prozesse jeder Heranwachsende sein eigenes Potenzial entdecken kann. Sie erarbeiten einen Ansatz, der im Wesentlichen mit Juuls Perspektive kohärent ist: Er ist ganzheitlich, denkt aus der Perspektive des Kindes, verschreibt sich der Vielfalt und setzt den Fokus auf Stärken und die Qualität von Beziehungen (vgl. Kickbusch 2012, 28ff.). Ebenfalls empfehlenswert ist die Lektüre von Kropf/O'Toole (2012).

Nochmals, es geht nicht darum, Lehrer zu verunglimpfen. Will sich Schule weiterentwickeln, muss sie lernen und ihr zugestanden werden, Eigenverantwortung zu übernehmen (vgl. Juul 2013e, 44ff.). Es ist die derzeitige „Schulkultur, die untragbar geworden ist" (ebd., 45).

# 5 Fazit

Juul ist ein sehr kompetenter und gefragter Gesprächspartner, nicht zuletzt, weil er in über fünfzehn europäischen Ländern lehrt, Seminare oder Veranstaltungen abhält. Seine Organisation „family-lab" gründet auf seinen Erkenntnissen und entwickelt diese weiter. Ausgebildete Fachkräfte unterschiedlicher Profession geben als zertifizierte Family-Lab-Seminarleiter in Deutschland und anderen europäischen Ländern vielerorts Seminare, in denen sich Eltern und/oder pädagogisches Personal miteinander austauschen können. Auffallend ist auch, dass Juuls Wissen zu Partnerschaft, Familie, Kindererziehung und Ansätzen für professionelle Pädagogik niedrigschwellige Kriterien erfüllt. Seine Publikationen sind in mehrere Sprachen übersetzt, es gibt darüber hinaus Hörbücher und DVDs mit von Juul angeleiteten und dokumentierten Projekten. Themenspektrum ist sehr breit gefächert (Übersicht über ausgewählte Werke siehe A1). Viele Materialen können kostengünstig erworben werden, sodass ihm kein Vorwurf des persönlichen Gewinnstrebens gemacht werden kann.

Nach dem Studium der Schriften sowie der eingehenden Beschäftigung mit den hier dargestellten Kernpunkten seines pädagogischen und Erziehungskonzepts lässt sich zunächst feststellen, dass die Gedanken Juuls als äußerst relevant im gegenwärtigen pädagogischen Diskurs erscheinen. Juul reflektiert seine Ansichten einerseits vor dem Hintergrund seiner langjährigen professionellen Tätigkeit und der damit verbundenen Erfahrung, andererseits schließt er ganz konkret die aktuellen gesellschaftlichen Veränderungsprozesse in seine Betrachtungen ein und erkennt, dass diese eine veränderte Erziehung und Pädagogik, und generell einen veränderten Umgang miteinander, erfordern. Er betont die Relevanz postmoderner Lebensverhältnisse und zeichnet die Diskrepanz zu traditionellen oder modernen Lebensverhältnissen, besonders im Bezug auf Lebensziele, Rollenbilder, gesellschaftliche Werte und

Normen, zwischenmenschlichen Umgang, nach. Die Programmatik Juuls lässt sich mit den beiden Aussprüchen „Aus Erziehung wird Beziehung" und „Vom Gehorsam zur Verantwortung" veranschaulichen. Charakteristisch für Juuls Herangehensweise sind weiterhin die Unterscheidung zwischen und die Bewusstheit über konstruktive und destruktive Prozesse sowie die Idee einer veränderten Führungsrolle von Erwachsenen als Sparringspartner oder Leuchttürme. Gleichwohl sie nur eine ungefähre Richtung der Juul'schen Position erahnen lassen. Juuls Kernpunkte und Zusammenhänge habe ich in Abb. 2 veranschaulicht.

Juuls neue Kultur in der elterlichen Erziehung und professionellen Pädagogik verdeutlichen eine mit inklusiven Gesichtspunkten vergleichbare, kohärente Haltung. Bemerkenswert dabei ist, dass er den Ausdruck „inklusiv" für die Beschreibung seiner Hinsichten auf Erziehung und Pädagogik an keiner Stelle verwendet. Jedoch habe ich an einigen Stellen auf die deutliche Verbindung zwischen Inklusion und der Anerkennung von Vielfalt bzw. Verschiedenheit als Bereicherung innerhalb des vorgestellten Konzepts Jesper Juuls hingewiesen. Auch „Inklusion" macht sich nicht frei von einer Dimension, die nahelegt, dass zuvor Ausgeschlossene nun „eingeschlossen" werden sollen. Der Begriff Inklusion, der im Diskurs zu deutlich den Fokus auf das Miteinander von Menschen mit und ohne Behinderung setzt, sich damit hinsichtlich seiner Tragweite künstliche Schranken auferlegt, greift zu kurz, denn er führt zwangsläufig am Gedanken der Separation zweier scheinbar ungleicher Gruppen und der Notwendigkeit ihrer Vereinigung vorbei, denkt also zwangsweise das Muster der Exklusion mit. Somit kann er sich nicht vom Vorwurf, ein neues Etikett darzustellen, befreien. Es soll um den gleichberechtigten Umgang aller Menschen gehen, zu denen Menschen mit Behinderung selbstverständlich gehören. Eine Beschränkung nur auf diese Gruppe verkennt das Potenzial von Inklusion für die Weiterentwicklung der Gesellschaft, denn man assoziiert ausschließlich die Teilhabe von Menschen mit Behinderung.

Juul hingegen unterscheidet in der Anwendung seines Konzepts prinzipiell nicht zwischen Behinderung oder Nicht-Behinderung. Aufgrund einer systemischen Betrachtungsweise ist Behinderung für ihn keine existente Kategorie menschlichen Seins, sondern vor allem Symptom bzw. Signal einer unglücklichen Beziehung an denjenigen, der ihn durch Zuschreibung non-konformem Verhaltens erst behindert macht (vgl. Juul 2012f, 368). Nach traditioneller Manier würde dieses „auffällige" Verhalten jedoch als bewusste Provokation verstanden.

Juul spricht von „schwierigen" oder „herausfordernden" Kindern, was m. E. nicht herabwürdigend oder stigmatisierend gemeint ist, sondern in besonderer Weise ganzheitliches Denken im Sinne der Betrachtung des Kontextes, in den das Kind eingewoben ist, fordert (vgl. ebd.). Es intendiert damit allerhöchstens eine Herausforderung in der Beziehungsgestaltung, da Eltern, Lehrer, Erzieher oder andere Menschen hier sehr sensibel bzw. sensitiv und empathisch sein müssen:

„Die tragfähigen pädagogischen Werte und Prinzipien unterscheiden sich also nicht von denen, die für alle Kinder gelten. Die herausfordernden Kinder brauchen nur *mehr von allem*, ganz ungeachtet der Art ihres Verhaltens oder ihrer etwaigen Diagnose" (ebd.; seine Hervorhebung).

Insofern bedarf es des Etiketts „Inklusion" nicht. Er bezieht sich auf keinen bestimmten Personenkreis. Seine Zielgruppe sind alle Kinder. Auch wenn die Forderung „nur mehr von allem" wenig reflektiert erscheint, drückt sie doch im Kern das aus, was auch Inklusion impliziert.

Weiterhin lässt Juul den Eltern die Wahl, wie sie ihre Kinder erziehen wollen. Er verordnet niemandem seine Sicht und hält sich selbst nicht für unfehlbar:

„Es gibt keinen Beweis, dass bestimmte Werte für das Wohlergehen der Familie wichtiger sind als andere. Überall auf der Welt finden sich fröhliche, zufriedene, harmonische und lebendige Familien, deren Richtlinien und Wertvorstellungen vollkommen verschieden sein können. In vielen von ihnen könnte ich nicht leben, doch bin ich froh, dass es sie gibt. Ihre Existenz erinnert mich daran, dass die Antworten darauf, was ‚richtig' und was ‚falsch' ist, überaus vielfältig sind" (Juul 2012b, 167).

Aus diesem Grund sind auch die hier beschriebenen Forderungen eher als Empfehlung aufgrund der (klinischen) Erfahrung Juuls zu bewerten. Jedoch führt dies zu einem der großen Mankos in der Bewertung von Juuls Schriften. Er selbst beklagt, dass es häufig noch keine empirischen Befunde oder Langzeituntersuchungen gebe, die seine Befunde stützten. Möglicherweise kann dies in Zukunft sukzessive angegangen werden. Erst dann hätte Juul auch genügend wissenschaftliche Evidenz bzw. Rückhalt, um seine Positionen zu verbreiten. Es steht allerdings in Zweifel, inwiefern empirische Studien zu seinen Thesen durchgeführt werden können und wie aussagekräftig Ergebnisse aus damit implizierten standardisierten Verfahren sind. Schließlich geht es um den Einzelnen und um die einzelne Familie. Für diese können keine mechanistischen Faustregeln formuliert werden, sondern allerhöchstens Leitgedanken mit dem Hinweis,

„[…]dass diese Werte niemals wichtiger sein dürfen als der Mensch an sich. Abstrakte Wertevorstellungen dürfen den einzelnen Menschen nicht in den Schatten stellen oder aus der Gemeinschaft ausschließen. Sonst dienen sie nur dem Machtmissbrauch, haben mit echten *Familienwerten* aber nichts zu tun. Familien entwickeln sich dann am besten, wenn ihre Mitglieder voneinander lernen, anstatt sich zu belehren" (Juul 2012b, 167).

Das alte Bildungssystem, welches auf Selektion und Leistung beruht und noch auf die Erfordernisse der Industriegesellschaft ausgelegt ist, muss in naher Zukunft grunderneuert werden, um den heutigen Gesellschaftsverhältnissen und allen voran den Bedürfnissen der Schüler gerecht zu werden. Dies bedeutet eine radikale Umkehr bisherigen Denkens. Juul führt zu diesem Zweck behutsam, aber bestimmt, in ein neues Denken ein. Es braucht ein neues Menschenbild, eine Lehreraus- und weiterbildung, die um die Komponenten Beziehungskompetenz und wertschätzende Kommunikation (Dialogführung) ergänzt wird, eine neue pädagogische Berufsethik bzw. eine erneute Entfachung der Diskussion über Professionalisierung im Bereich Allgemeiner und Sonderpädagogik sowie schließlich einen Paradigmenwechsel hin zu mehr Eigenverantwortlichkeit und Vertrauen, weg von Gehorsam und Kontrolle. Den bereits zaghaft eingeschlagenen Weg gilt es nun mutig fortzuschreiten, Erfahrungen zu evaluieren, in einen gemeinsamen Austausch zu kommen und regelmäßig zu prüfen, ob der geplante Weg ein Irrweg ist oder vielleicht Umwege genommen werden, die Veränderung stagnieren lassen oder gar Rückschritte bedeuten.

Erwachsene können in der Beziehung zum Kind eine Vorbildfunktion einnehmen. Was sie gemeinsam im alltäglichen Umgang lernen und praktizieren, setzen sie möglicherweise auch wie selbstverständlich im Umgang mit anderen Menschen voraus. Insofern sind zuallererst Eltern im Leben der Kinder in der bedeutsamen Funktion eines Multiplikators für die neue Kultur der Verantwortung und des Dialogs, die Juul vorstellt. Auf diese Weise ließe sich die Gesellschaft allmählich erneuern (vgl. Juul 2013b, 151, 155). Eine solche Entwicklung braucht Zeit, sie beschreibt ein längerfristiges Ziel, möglicherweise auch nur ein unerreichbares Ideal, für welches es sich aber lohnt einzutreten.

Es bleibt somit abzuwarten, in welche Richtung sich unsere Gesellschaft entwickeln und inwiefern Juuls Konzept Beachtung finden wird.

# Anhang

Übersicht:

    A1 Jesper Juul – Ausgewählte Werke

    A2 Literaturverzeichnis

    A3 Abbildungsverzeichnis

# A 1 Jesper Juul – Ausgewählte Werke

Jesper Juul veröffentlichte bereits mehr als 40 Schriften mit einem breiten Themenspektrum, teilweise in mehrere Sprachen übersetzt. Darüber hinaus DVDs und Hörbücher. Nachfolgend habe ich eine Auswahl der Bücher Juuls zusammengestellt, die ich im Zusammenhang mit dem Thema dieser Studie als wichtig erachte. Die **fett** gedruckten Schriften wurden schwerpunktmäßig einbezogen.

Eine aktuelle Übersicht seines Werkes kann unter:

http://www.familylab.de/files/Buecher/Buecherliste_DEUTSCH_familylab.de.pdf

(letzter Zugriff: 13.04.2013) sowie

http://www.familylab.de/files/Buecher/Hoerbuecher_Downloads_familylab_de.pdf

(letzter Zugriff: 13.04.2013) abgerufen werden.

**Juul, Jesper (2006): Das kompetente Kind. Auf dem Weg zu einer neuen Wertgrundlage für die ganze Familie. Unter Mitarbeit von Sigrid Engeler (Übers.). 5. Aufl. Reinbek bei Hamburg: Rowohlt Taschenbuch Verl. (Rororo, 61485).**

Juul, Jesper (2012a): Nein aus Liebe. Klare Eltern - starke Kinder. Unter Mitarbeit von Knut Krüger (Übers.). 12. Aufl. München: Kösel.

**Juul, Jesper (2012b): Was Familien trägt. Werte in Erziehung und Partnerschaft. Ein Orientierungsbuch. Unter Mitarbeit von Knut Krüger (Übers.). 6. Aufl. Weinheim, Basel: Beltz Verl. (Beltz Taschenbuch, 905).**

Juul, Jesper (2012c): Was gibt's heute? Gemeinsam essen macht Familie stark. Unter Mitarbeit von Dagmar Mißfeldt (Übers.). 5. Aufl. Weinheim, Basel: Beltz Verl. (Beltz Taschenbuch, 918).

Juul, Jesper (2012d): Wem gehören unsere Kinder ? Dem Staat, den Eltern oder sich selbst? Ansichten zur Frühbetreuung. Unter Mitarbeit von Kerstin Schöps (Übers.). 1. Aufl. Weinheim, Basel: Beltz Verl.

**Juul, Jesper (2013a): 4 Werte, die Kinder ein Leben lang tragen. Unter Mitarbeit von Matthias Voelchert (Hrsg.) und Knut Krüger (Übers.). 2. Aufl. München: Gräfe und Unzer.**

**Juul, Jesper (2013b): Aus Erziehung wird Beziehung. Authentische Eltern - kompetente Kinder. Unter Mitarbeit von Ingeborg Szöllösi (Hrsg.). 11. Aufl. Freiburg i. Br., Basel, Wien: Herder (Herder spektrum, Band 5533).**

Juul, Jesper (2013c): Die kompetente Familie. Neue Wege in der Erziehung. Das familylab-Buch. Unter Mitarbeit von Matthias Voelchert (Hrsg.) und Knut Krüger (Übers.). 1., Lizenzausgabe. Weinheim, Basel: Beltz Verl. (Beltz Taschenbuch, 937).

**Juul, Jesper (2013d): Grenzen, Nähe, Respekt. Auf dem Weg zur kompetenten Eltern-Kind-Beziehung. Unter Mitarbeit von Alken Bruns (Übers.). 6. Aufl. Reinbek bei Hamburg: Rowohlt Taschenbuch Verl. (Rororo Sachbuch, 62534).**

**Juul, Jesper (2013e): Schulinfarkt. Was wir tun können, damit es Kindern, Eltern und Lehrern besser geht. Unter Mitarbeit von Knut Krüger (Übers.). Originalausgabe. München: Kösel.**

Juul, Jesper; Hoeg, Peter; Bertelsen, Jes; Hildebrandt, Steen; Jensen, Helle; Stubberup, Michael (2012e): Miteinander. Wie Empathie Kinder stark macht. Unter Mitarbeit von Kerstin Schöps (Übers.). 3. Aufl. Weinheim: Beltz.

**Juul, Jesper; Jensen, Helle (2012f): Vom Gehorsam zur Verantwortung. Für eine neue Erziehungskultur. Unter Mitarbeit von Dagmar Mißfeldt (Übers.) und Christine Ordnung. 5. Aufl. Weinheim, Basel: Beltz Verl. (Beltz Taschenbuch, 915).**

Juul, Jesper (2013f): Aggression. Unter Mitarbeit von Ingeborg Szöllösi (Hrsg.). Frankfurt am Main: S. Fischer.

## A2 Literaturverzeichnis

Ackermann, Karl-Ernst (2012): Veränderungen im Selbstverständnis der Geistigbehindertenpädagogik im Kontext von Leitvorstellungen. Zur Verortung der von 'Inklusion' in der Geistigbehindertenpädagogik. In: Cornelius Breyer, Günther Fohrer, Walter Goschler, Manuela Heger, Christina Kießling und Christoph Ratz (Hg.): Sonderpädagogik und Inklusion. 1. Aufl. Oberhausen: Athena (Lehren und Lernen mit behinderten Menschen, Bd. 26), S. 83–99.

Aktion Mensch e. V. (Hg.) (2013): Aktion Mensch - Wissen Inklusion. Online verfügbar unter http://www.aktion-mensch.de/media/inklusion/AktionMensch_Themenheft_Inklusion.pdf, zuletzt aktualisiert am 15.03.2013, zuletzt geprüft am 20.07.2013.

Anderson, Harlene; Goolishian, Harold (1992): Der Klient ist der Experte: Ein therapeutischer Ansatz des Nicht-Wissens. In: Zeitschrift für systemische Therapie 10 (3), S. 176–189.

Autorengruppe Bildungsberichterstattung (Hg.) (2012): Bildung in Deutschland 2012. Ein indikatorengestützter Bericht mit einer Analyse zur kulturellen Bildung im Lebenslauf. [Bildungsbericht 2012]. Bielefeld.

Baar, Robert (2010): Allein Unter Frauen. Der berufliche Habitus männlicher Grundschullehrer. 1. Aufl. Wiesbaden: VS Verlag für Sozialwissenschaften.

Bartsch, Matthias; Friedmann, Jan; Holm, Carsten; Kistner, Anna; Schmid, Fidelius; Thimm, Katja; Verbeet, Markus (2013): Generation Stress - Wenn Schule krank macht. Plattgepaukt. In: Der Spiegel (17), S. 32–40.

Baulig, Volkmar (2008): Ressourcenorientierte Diagnostik. In: Fördermagazin (2), S. 5–9. Online verfügbar unter http://www.oldenbourg-klick.de/archiv-downloads/view/artikel/download/artikelnummer/fom20080205/, zuletzt geprüft am 19.08.2013.

Börner, Simone; Glink, Andrea; Jäpelt, Birgit; Sanders, Dietke; Sasse, Ada (Hg.) (2009): Integration im vierten Jahrzehnt. Bilanz und Perspektiven. Bad Heilbrunn: Klinkhardt.

Bosse, Dorit; Posch, Peter (2009): Schule 2020 aus Expertensicht. Zur Zukunft von Schule, Unterricht und Lehrerbildung. 1. Aufl. Wiesbaden: VS Verlag für Sozialwissenschaften / GWV Fachverlage, Wiesbaden.

Breyer, Cornelius; Fohrer, Günther; Goschler, Walter; Heger, Manuela; Kießling, Christina; Ratz, Christoph (Hg.) (2012): Sonderpädagogik und Inklusion. 1. Aufl. Oberhausen: Athena (Lehren und Lernen mit behinderten Menschen, Bd. 26).

Bundschuh, Konrad (2012): Systeme - Inklusion - Betroffene. Grenzen und Möglichkeiten der Verwirklichung. In: Cornelius Breyer, Günther Fohrer, Walter Goschler, Manuela Heger, Christina Kießling und Christoph Ratz (Hg.): Sonderpädagogik und Inklusion. 1. Aufl. Oberhausen: Athena (Lehren und Lernen mit behinderten Menschen, Bd. 26), S. 101–114.

Calmbach, Marc; Thomas, Peter Martin; Borchard, Inga; Flaig, Bodo (2012): Wie ticken Jugendliche? 2012. Lebenswelten von Jugendlichen im Alter von 14 bis 17 Jahren in Deutschland. Düsseldorf: Haus Altenberg.

Deutscher Bundestag (21.12.2008): Gesetz zu dem Übereinkommen der Vereinten Nationen vom 13. Dezember 2006 über die Rechte von Menschen mit Behinderungen sowie zu dem Fakultativprotokoll vom 13. Dezember 2006 zum Übereinkommen der Vereinten Nationen über die Rechte von Menschen mit Behinderungen. [UN-BRK], vom 21.12.2008. Fundstelle: Bundesgesetzblatt 2008 (35), S. 1419–1457. Online verfügbar unter http://www.un.org/Depts/german/uebereinkommen/ar61106-dbgbl.pdf, zuletzt geprüft am 21.08.2013.

Dreher, Walther (2012): Winds of change - Inklusion wollen. In: Cornelius Breyer, Günther Fohrer, Walter Goschler, Manuela Heger, Christina Kießling und Christoph Ratz (Hg.): Sonderpädagogik und Inklusion. 1. Aufl. Oberhausen: Athena (Lehren und Lernen mit behinderten Menschen, Bd. 26), S. 27–41.

Eberwein, Hans; Knauer, Sabine (Hg.) (2009): Handbuch Integrationspädagogik. Kinder mit und ohne Beeinträchtigung lernen gemeinsam. 7., durchges. und neu ausgestattete Aufl. Weinheim: Beltz (Beltz Pädagogik).

Ellinger, Stephan; Stein, Roland (2012): Effekte inklusiver Beschulung. Forschungsstand im Förderschwerpunkt emotionale und soziale Entwicklung. In: Empirische Sonderpädagogik 4 (2), S. 85–109.

Frischmann, Bärbel (Hg.) (2012): Bildungstheorie in der Diskussion. [Tagung an der Universität Erfurt im Januar 2011]. Orig.-Ausg. Freiburg, München: Verlag Karl Alber (Pädagogik und Philosophie, 6).

Fuchs, Max (2012): KULTUR und SUBJEKT. Bildungsprozesse zwischen Emanzipation und Anpassung. München: kopaed (Kulturelle Bildung, 26).

Hänsel, Dagmar; Schwager, Hans J.; Hurrelmann, Klaus; Oelkers, Jürgen (Hg.) (2003): Einführung in die sonderpädagogische Schultheorie. Weinheim: Beltz (Beltz Studium).

Heimlich, Ulrich (2012): Gemeinsam von Anfang an. Inklusion für unsere Kinder mit und ohne Behinderung. München: Reinhardt (Kinder sind Kinder, 38).

Honneth, Axel (2010): Kampf um Anerkennung. Zur moralischen Grammatik sozialer Konflikte. 6. Aufl. Frankfurt, Main: Suhrkamp (Suhrkamp-Taschenbuch Wissenschaft, 1129).

Horster, Detlef; Hoyningen-Süess, Ursula; Liesen, Christian (Hg.) (2005): Sonderpädagogische Professionalität. Beiträge zur Entwicklung der Sonderpädagogik als Disziplin und Profession. 1. Aufl. Wiesbaden: VS Verlag für Sozialwissenschaften.

Jantowski, Andreas (Hg.) (2013): Thillm.2013 -. Gemeinsam leben. Miteinander lernen. 1. Aufl. Bad Berka: Thüringer Inst. für Lehrerfortbildung, Lehrplanentwicklung und Medien (Thillm) (Impulse / Thüringer Institut für Lehrerfortbildung, Lehrplanentwicklung und Medien, 58).

Juul, Jesper (2006): Das kompetente Kind. Auf dem Weg zu einer neuen Wertgrundlage für die ganze Familie. Unter Mitarbeit von Sigrid Engeler (Übers.). 5. Aufl. Reinbek bei Hamburg: Rowohl Taschenbuch Verl. (Rororo, 61485).

Juul, Jesper (2012a): Nein aus Liebe. Klare Eltern - starke Kinder. Unter Mitarbeit von Knut Krüger (Übers.). 12. Aufl. München: Kösel.

Juul, Jesper (2012b): Was Familien trägt. Werte in Erziehung und Partnerschaft. Ein Orientierungsbuch. Unter Mitarbeit von Knut Krüger (Übers.). 6. Aufl. Weinheim, Basel: Beltz Verl. (Beltz Taschenbuch, 905).

Juul, Jesper (2012c): Was gibt's heute? Gemeinsam essen macht Familie stark. Unter Mitarbeit von Dagmar Mißfeldt (übers.). 5. Aufl. Weinheim, Basel: Beltz Verl. (Beltz Taschenbuch, 918).

Juul, Jesper (2012d): Wem gehören unsere Kinder? Dem Staat, den Eltern oder sich selbst? Ansichten zur Frühbetreuung. Unter Mitarbeit von Kerstin Schöps (Übers.). 1. Aufl. Weinheim, Basel: Beltz Verl.

Juul, Jesper (2013a): 4 Werte, die Kinder ein Leben lang tragen. Unter Mitarbeit von Matthias Voelchert (Hrsg.) und Knut Krüger (Übers.). 2. Aufl. München: Gräfe und Unzer.

Juul, Jesper (2013b): Aus Erziehung wird Beziehung. Authentische Eltern - kompetente Kinder. Unter Mitarbeit von Ingeborg Szöllösi (Hrsg.). 11. Aufl. Freiburg i. Br., Basel, Wien: Herder (Herder spektrum Band, 5533).

Juul, Jesper (2013c): Die kompetente Familie. Neue Wege in der Erziehung. Das familylab-Buch. Unter Mitarbeit von Matthias Voelchert (Hrsg.) und Knut Krüger (Übers.). 1., Lizenzausgabe. Weinheim, Basel: Beltz Verl. (Beltz Taschenbuch, 937).

Juul, Jesper (2013d): Grenzen, Nähe, Respekt. Auf dem Weg zur kompetenten Eltern-Kind-Beziehung. Unter Mitarbeit von Alken Bruns (Übers.). 6. Aufl. Reinbek bei Hamburg: Rowohlt Taschenbuch Verl. (Rororo Sachbuch, 62534).

Juul, Jesper (2013e): Schulinfarkt. Was wir tun können, damit es Kindern, Eltern und Lehrern besser geht. Unter Mitarbeit von Knut Krüger (Übers.). Originalausgabe. München: Kösel.

Juul, Jesper; Hoeg, Peter; Bertelsen, Jes; Hildebrandt, Steen; Jensen, Helle; Stubberup, Michael (2012e): Miteinander. Wie Empathie Kinder stark macht. Unter Mitarbeit von Kerstin Schöps (Übers.). 3. Aufl. Weinheim: Beltz.

Juul, Jesper; Jensen, Helle (2012f): Vom Gehorsam zur Verantwortung. Für eine neue Erziehungskultur. Unter Mitarbeit von Dagmar Mißfeldt (übers.) und Christine Ordnung. 5. Aufl. Weinheim, Basel: Beltz Verl. (Beltz Taschenbuch, 915).

Juul, Jesper (2013f): Aggression. Unter Mitarbeit von Ingeborg Szöllösi (Hrsg.). Frankfurt am Main: S. Fischer.

Kahl, Reinhard (2006): Treibhäuser der Zukunft. Wie in Deutschland Schulen gelingen. Eine Dokumentation. 3 DVDs. 3., überarbeitete Aufl. Hamburg: Archiv der Zukunft.

Katzenbach, Dieter (2012): Anerkennung. Menschliches Grundbedürfnis und Maßstab jeglicher Pädagogik!? Fachbereich Erziehungswissenschaften, Institut für Sonderpädagogik der Goethe Universität. Frankfurt am Main (Grundfragen des Pädagogischen - vor dem Hintergrund von Inklusion neu gestellt). Online verfügbar unter http://www.uni-frankfurt.de/fb/fb04/we4/Dokumente/Katzenbach-Anerkennung-und-Inklusion---Druckversion.pdf, zuletzt geprüft am 21.08.2013.

Kickbusch, Ilona (2012): Learning for Well-being. A Policy Priority for Children and Youth in Europe. A process for change. Unter Mitarbeit von Jean Gordon und Linda O'Toole. Hg. v. Universal Education Foundation (UEF). Online verfügbar unter http://www.eiesp.org/hosting/a/admin/files/L4WB%20A%20Policy%20Priority%20for%20Children%20%26%20Youth%20in%20Europe.pdf, zuletzt geprüft am 27.08.2013.

Klemenz, Bodo (2003): Ressourcenorientierte Diagnostik und Intervention bei Kindern und Jugendlichen. 1. Aufl. Tübingen: DGVT-Verl. (KiJu, Bd. 2).

Klemm, Klaus (2013): Inklusion in Deutschland. Eine bildungsstatistische Analyse. Hg. v. Bertelsmann Stiftung. Gütersloh. Online verfügbar unter http://www.bertelsmann-stiftung.de/cps/rde/xchg/SID-58AB8AB4-5CE13D5D/bst/hs.xsl/nachrichten_115622.htm, zuletzt aktualisiert am 18.03.2013, zuletzt geprüft am 18.08.2013.

Knauer, Sabine; Jürgens, Eiko (2008): Integration. Inklusive Konzepte für Schule und Unterricht. Weinheim: Beltz (Studientexte für das Lehramt, Bd. 19, Online Ed).

Kropf, Daniel; O'Toole, Linda (2012): Changing Paradigms. Sharing Our Hearts. Beginning A Dialogue. Hg. v. Learning for Well-being. Universal Education Foundation (UEF). Online verfügbar unter http://www.eiesp.org/hosting/a/admin/files/L4WB%20Booklet%20V2-02%20SMALL.pdf, zuletzt geprüft am 27.08.2013.

Maier, Uwe (2011): Formative Leistungsmessung. Von einer Noten- zu einer Diagnosekultur. In: schulmanagement-online.de (3), S. 22–24. Online verfügbar unter http://www.oldenbourg-klick.de/archiv-downloads/view/artikel/download/artikelnummer/smt20110322/, zuletzt geprüft am 19.08.2013.

Maier, Uwe; Hofmann, Florian; Zeitler, Sigrid Klara (2012): Formative Leistungsdiagnostik. Grundlagen und Praxisbeispiele. München: Oldenbourg Schulbuchverl. GmbH (Schulmanagement-Handbuch, 141).

Markowetz, Reinhard (2012): Inklusive Didaktik (k)eine Neuschöpfung!? Ein Beitrag zur didaktischen Diskussion über Gemeinsamen Unterricht. In: Cornelius Breyer, Günther Fohrer, Walter Goschler, Manuela Heger, Christina Kießling und Christoph Ratz (Hg.): Sonderpädagogik und Inklusion. 1. Aufl. Oberhausen: Athena (Lehren und Lernen mit behinderten Menschen, Bd. 26), S. 141–160.

Wie kann Inklusion in der Schule gelingen? (2013) (Fakt ist …! Aus Erfurt). MDR, 08.07.2013. Online verfügbar unter http://www.mdr.de/mediathek/fernsehen/a-z/video134452_zc-ea9f5e14_zs-dea15b49.html, zuletzt geprüft am 19.08.2013.

Mietzel, Gerd (2007): Pädagogische Psychologie des Lernens und Lehrens. 8., überarb. und erw. Aufl. Göttingen, Bern, Wien, Paris, Oxford, Prag, Toronto, Cambridge, MA, Amsterdam, Kopenhagen: Hogrefe (Lehrbuch).

Palmowski, Winfried (2004): Vertrauen in einer Kultur des Misstrauens. In: System Schule 8 (4).

Palmowski, Winfried (2011): Systemische Beratung. Systemisch denken und systemisch beraten. Stuttgart: Kohlhammer (Fördern lernen Beratung, 14).

Pitsch, Hans-Jürgen (2012): Inklusion, Konstruktivismus und Kulturhistorische Tätigkeitstheorie. In: Cornelius Breyer, Günther Fohrer, Walter Goschler, Manuela Heger, Christina Kießling und Christoph Ratz (Hg.): Sonderpädagogik und Inklusion. 1. Aufl. Oberhausen: Athena (Lehren und Lernen mit behinderten Menschen, Bd. 26), S. 59–73.

Ratz, Christoph; Reuter, Ulrich (2012): Die Jakob-Muth-Schule Nürnberg und ihre 'intensiv-kooperierenden Klassen' (IKON). Ein Beispiel, an dem konzeptionelle Entwicklung, politische Abhängigkeit und aktuelle zu lösende Aufgaben integrativer Schulentwicklung sichtbar werden. In: Cornelius Breyer, Günther Fohrer, Walter Goschler, Manuela Heger, Christina Kießling und Christoph Ratz (Hg.): Sonderpädagogik und Inklusion. 1. Aufl. Oberhausen: Athena (Lehren und Lernen mit behinderten Menschen, Bd. 26), S. 211–225.

Reich, Kersten (2012): Inklusion und Bildungsgerechtigkeit. Standards und Regeln zur Umsetzung einer inklusiven Schule. Weinheim, Basel: Beltz (Pädagogik).

Rittmeyer, Christel (2012): Zum Stellenwert der Sonderpädagogik und den zukünftigen Aufgaben von Sonderpädagogen in inklusiven settings nach den Forderungen der UN-Behindertenrechtskonvention. In: Cornelius Breyer, Günther Fohrer, Walter Goschler, Manuela Heger, Christina Kießling und

Christoph Ratz (Hg.): Sonderpädagogik und Inklusion. 1. Aufl. Oberhausen: Athena (Lehren und Lernen mit behinderten Menschen, Bd. 26), S. 43–58.

Robeck, Johanna (2012): Von der Segregation über Integration zur Inklusion. Aus psychologisch-pädagogischer Sicht. [Horitschon]: Vindobona-Verl.

Schlippe, Arist von; Schweitzer, Jochen (2012): Lehrbuch der systemischen Therapie und Beratung I. Das Grundlagenwissen. Neuauflage. Göttingen: Vandenhoeck & Ruprecht.

Seitz, Simone; Finnern, Nina-Kathrin; Korff, Natascha; Scheidt, Katja (Hg.) (2012): Inklusiv gleich gerecht? Inklusion und Bildungsgerechtigkeit. Bad Heilbrunn: Klinkhardt.

Sternstunde Philosophie: Axel Honneth. Der Kampf um Anerkennung; Axel Honneth im Gespräch mit Barbara Bleisch (2012) (Sternstunde Philosophie). SF Kultur, 22.01.2012. Online verfügbar unter http://www.sendungen.sf.tv/sternstunden/Nachrichten/Archiv/2012/01/16/sternstundeneinzel/Sternstunde-Philosophie-vom-22.-Januar-2012, zuletzt geprüft am 19.08.2013.

Simon, Toni (2012): Bildungsphilosophische Überlegungen zum Zusammenhang von Anerkennung und professioneller Entwicklung in der (Sonder)Pädagogik. In: Zeitschrift für Inklusion (3). Online verfügbar unter http://www.inklusion-online.net/index.php/inklusion/article/view/180/170, zuletzt geprüft am 16.08.2013.

Wagner, Michael (2012): Die inklusive Schule der Zukunft - wirklich eine Schule für alle? In: Cornelius Breyer, Günther Fohrer, Walter Goschler, Manuela Heger, Christina Kießling und Christoph Ratz (Hg.): Sonderpädagogik und Inklusion. 1.

Aufl. Oberhausen: Athena (Lehren und Lernen mit behinderten Menschen, Bd. 26), S. 117–126.

Woo, Jeong-Gil (2012): 'Inclusion' in Martin Buber's dialogue pedagogy. In: Zeitschrift für Erziehungswissenschaft 15 (4), S. 829–845. DOI: 10.1007/s11618-012-0327-3.

## A3 Abbildungsverzeichnis

Abb. 1: Vier Werte, die Familien und Beziehungen tragfähig machen (nach Jesper Juul, 2012b), S. 11.

Abb. 2: Juuls Ansatz im Überblick, auf der Grundlage von Juul (2012f, 45–134, 364f.), S. 40.

Abb. 3: Das Fundament einer Familie sind Gefühle, Verpflichtung und der Wille (nach Gedanken aus: Juul 2012b, 117 – 120), S. 52.

Abb. 4: Wegweiser eines Paradigmenwechsels von alten zu neuen Werten, von wertender zu anerkennender Kommunikation (Juul 2012b, 137; Juul 2012f, 335), S. 55.

Abb. 5: „Strukturmodell einer ‚Schule für alle'" (Wagner 2012, 124), S. 84.